# 75 Jahre Grundgesetz: Das fragile Gleichgewicht

Jochen Theurer

# 75 Jahre Grundgesetz: Das fragile Gleichgewicht

## Wie sich die Gewaltenteilung im Lauf der Zeit verändert hat

2., überarb. u. aktualisierte Auflage
2025

Springer Gabler

Jochen Theurer
Tübingen, Deutschland

ISBN 978-3-658-49048-5 ISBN 978-3-658-49049-2 (eBook)
https://doi.org/10.1007/978-3-658-49049-2

Die Deutsche Nationalbibliothek verzeichnet diese Publikation in der Deutschen-Nationalbibliografie; detaillierte bibliografische Daten sind im Internet über https://portal.dnb.de abrufbar.



Planung/Lektorat: Irene Buttkus
Springer Gabler ist ein Imprint der eingetragenen Gesellschaft Springer Fachmedien Wiesbaden GmbH und ist ein Teil von Springer Nature.
Die Anschrift der Gesellschaft ist: Abraham-Lincoln-Str. 46, 65189 Wiesbaden, Germany

# Inhaltsverzeichnis

# 1

# Das fragile Gleichgewicht – Was macht eine erfolgreiche Verfassung aus?

**Inhaltsverzeichnis**



**Zusammenfassung**

75 Jahre Grundgesetz – eigentlich ein guter Grund zum Feiern! Doch Umfragen zufolge glaubt eine Mehrheit der Bürger, dass die Demokratie in Deutschland zu schwerfällig ist. Was also macht eine gute Verfassung aus? Und erfüllt das Grundgesetz nach fast 70 Verfassungsänderungen diese Anforderungen noch?


J. Theurer, *75 Jahre Grundgesetz: Das fragile Gleichgewicht*, https://doi.org/10.1007/978-3-658-49049-2_1

## Die beste Verfassung

„Das Grundgesetz, unter dem wir Deutsche heute leben, ist ohne Zweifel die beste Verfassung, die wir jemals hatten.“, so Bundespräsident Frank Walter Steinmeier in seiner Rede beim Festakt „100 Jahre Weimarer Reichsverfassung“ am 6. Februar 2019 in Weimar.[1] Und so oder jedenfalls sehr ähnlich haben es vor ihm schon viele andere prominente Politiker formuliert. Und für den Zeitpunkt seiner Entstehung 1949 ist das sicherlich auch zutreffend.

Doch seit damals wurde das Grundgesetz fast 70-mal geändert. Sein Umfang hat sich dadurch mehr als verdoppelt: Ursprünglich bestand das Grundgesetz aus schlanken 11.000 Wörtern bzw. 83.000 Zeichen. Aktuell sind es über 23.000 Wörter bzw. 178.000 Zeichen. Die Vermutung liegt nahe, dass sich diese massiven nachträglichen Änderungen auch auf das Verhältnis der fünf Verfassungsorgane Bundestag, Bundesrat, Bundesregierung, Bundespräsident und Bundesverfassungsgericht ausgewirkt haben. Es stellt sich daher die Frage: Ist das Grundgesetz auch nach 75 Jahren noch in bester Verfassung?

Aktuelle Umfragen liefern dazu ein eher kritisches Bild. So glaubt mittlerweile die Mehrheit der Deutschen (73 %),[2] dass die Demokratie in Deutschland zu schwerfällig ist. Für 70 % ist der Staat in Bezug auf seine Aufgaben und Probleme überfordert.[3] 58 % vertrauen weder dem Bundestag noch der Bundesregierung[4] und jeweils 51 % sind der Ansicht, dass es jenseits der politischen Ränder keinen Unterschied macht, wer an der Regierung

[1] Die Bundesregierung 2019.

[2] Best et al. 2023 (S. 32).

[3] DBB 2024 (S. 4).

[4] Best et al. 2023 (S. 26).

ist[5] und dass sich der Zustand der Demokratie in den letzten Jahren in Deutschland verschlechtert hat.[6] Nur 17 % wären bereit, bei einem Angriff auf Deutschland selbst zur Waffe zu greifen[7] – während fast jeder vierte Deutsche das Land so schnell wie möglich verlassen würde.[8] Wie konnte es dazu kommen?

## Das Rezept für eine erfolgreiche Verfassung

Eine Verfassung erfolgreich in Kraft zu setzen, ist nicht ganz einfach. Es bedarf einer Reihe von Punkten, die alle bedacht und in Ausgleich gebracht werden müssen:

1. **Ein gelungener Entwurf:** Die Regelungen der Verfassung müssen grundsätzlich geeignet sein, einen funktionierenden Staat zu implementieren, der effektiv die Rechte und Sicherheit seiner Bürger schützen kann. Dabei müssen die jeweils anstehenden großen politischen Themen und Fragestellungen ebenso berücksichtigt werden wie das gedankliche Umfeld, die natürlichen Gegebenheiten und die Einstellung der betroffenen Menschen. So wäre eine Verfassung, in der Männer und Frauen nicht dieselben Rechte haben, heute in Deutschland wohl nicht mehr möglich.
2. **Folgsame Bürger:** Die Verfassung muss ab dem Zeitpunkt ihres Inkrafttretens von den Menschen auch tatsächlich befolgt werden. Es gibt Verfassungen, die in

[5] Best et al. 2023 (S. 21).
[6] Best et al. 2023 (S. 19).
[7] Laatsch et al. 2025.
[8] Welt 2023.

bester Absicht entworfen wurden, aber nie in Kraft getreten sind. So wurde zum Beispiel die von der in der Frankfurter Paulskirche tagenden Nationalversammlung am 28. März 1849 verabschiedete „Verfassung des deutschen Reiches" zwar am 28. April 1849 im Reichsgesetzblatt veröffentlicht und von 28 deutschen Regierungen anerkannt. Da sich aber die größeren Staaten und vor allem der preußische König dagegen aussprachen, kam es nicht zu den vorgesehenen Reichstagswahlen und die sogenannte Paulskirchenverfassung blieb praktisch bedeutungslos. Dasselbe Schicksal erlitt der 2003 von einem Europäischen Konvent erarbeitete und am 29. Oktober 2004 von den Staats- und Regierungschefs der EU-Mitgliedstaaten unterzeichnete „Vertrag über eine Verfassung für Europa". Dieser scheiterte letztlich daran, dass er bei den Volksabstimmungen in Frankreich und den Niederlanden 2005 von einer Mehrheit der Bevölkerung abgelehnt wurde.

3. **Anpassungsfähigkeit:** Die Verfassung muss so konstruiert sein, dass sie an eine künftige Änderung der Verhältnisse angepasst werden kann. Das ist erforderlich, damit auch bislang unbekannte Probleme und Herausforderungen gut und effektiv innerhalb des von der Verfassung aufgespannten politischen und rechtlichen Systems gelöst werden können. Ansonsten droht das Schicksal der französischen Verfassung von 1791. Diese an sich sehr fortschrittliche Verfassung konnte nur durch drei gleichlautende Beschlüsse in aufeinanderfolgenden Legislaturperioden geändert werden – also frühestens nach sechs Jahren. In der dynamischen Umbruchszeit der Revolution erwies sich dieses Verfahren als völlig unpraktikabel. Die Verfassung von 1791 konnte nicht auf neue Herausforderungen reagieren und wurde schon nach gut einem Jahr ersetzt

4. **Stabilität:** Die Verfassung muss sicherstellen, dass das Verhältnis zwischen den Gewalten dauerhaft stabil bleibt. Sie muss verhindern, dass bestimmte Personen oder Gruppen im Laufe der Zeit ihre verfassungsmäßigen Befugnisse missbrauchen, um politische Konkurrenten auszuschalten und die Macht dauerhaft an sich zu ziehen. Ein warnendes Beispiel ist die Weimarer Reichsverfassung: Sie konnte nicht verhindern, dass nach der Ernennung Adolf Hitlers zum Reichskanzler am 30. Januar 1933 die Nationalsozialisten und die NSDAP-Abgeordneten ihre verfassungsrechtlichen Kompetenzen systematisch nutzten, um die Rechte anderer Parteien abzuschaffen.

## Wie ist das nun beim Grundgesetz?

Die ersten drei Bedingungen hat das Grundgesetz bravourös erfüllt. Die Regelungen haben sich von Anfang an zum größten Teil als praktikabel und umsetzbar erwiesen. Nur wenige Punkte haben in der Praxis nicht funktioniert.

In Art. 95 Abs. 1 GG war die Errichtung eines „Obersten Bundesgerichts“ zur Wahrung der Einheit der Rechtsordnung vorgesehen. Dieses „Oberste Bundesgericht“ wurde jedoch nie gegründet.

Seit Inkrafttreten des Grundgesetzes am 24. Mai 1949 haben sich die Menschen in den drei westlichen Besatzungszonen weitgehend an dessen Vorgaben gehalten – nicht zuletzt dank der Unterstützung der westlichen Alliierten und ihrer militärischen Präsenz.

In Art. 79 ist ausdrücklich geregelt, dass und wie das Grundgesetz geändert werden kann:

1. Das Grundgesetz kann nur durch ein Gesetz geändert werden, das den Wortlaut des Grundgesetzes ausdrücklich ändert oder ergänzt …
2. Ein solches Gesetz bedarf der Zustimmung von zwei Dritteln der Mitglieder des Bundestages und zwei Dritteln der Stimmen des Bundesrates.
3. Eine Änderung dieses Grundgesetzes, durch welche die Gliederung des Bundes in Länder, die grundsätzliche Mitwirkung der Länder bei der Gesetzgebung oder die in den Artikeln 1 und 20 niedergelegten Grundsätze berührt werden, ist unzulässig.

Da sich seit 1949 die Welt in praktisch allen Lebensbereichen stark verändert hat – vom rasanten technischen Fortschritt in Gestalt von Computern, Internet und Smartphones bis hin zu den aktuellen Mega-Themen Migration, Fachkräftemangel und Klimawandel – hat der Gesetzgeber auch meistens prompt reagiert und das Grundgesetz regelmäßig an die neuen Lebensverhältnisse angepasst.

Fraglich ist, wie sich diese Verfassungsänderungen auf das ursprünglich im Grundgesetz angelegte Gleichgewicht zwischen den einzelnen staatlichen Gewalten ausgewirkt haben. Ist es immer noch so gut austariert und stabil wie 1949?

## Fazit

- Der Textumfang des Grundgesetzes hat sich von 1949 bis heute mehr als verdoppelt.
- Eine gute Verfassung muss sicherstellen, dass das Verhältnis zwischen den drei staatlichen Gewalten dauerhaft stabil bleibt.
- Dazu muss verhindert werden, dass bestimmte Personen oder Gruppen im Laufe der Zeit ihre verfassungs-

mäßigen Befugnisse missbrauchen, um politische Konkurrenten auszuschalten und die Macht dauerhaft an sich zu ziehen.

## Literatur

Best, Volker und Decker, Frank und Fischer, Sandra und Küppers, Anne. 2023. Demokratievertrauen in Krisenzeiten – Wie blicken die Menschen in Deutschland auf Politik, Institutionen und Gesellschaft? Friedrich-Ebert-Stiftung e. V. https://library.fes.de/pdf-files/pbud/20287-20230505.pdf. Zugegriffen: 3. Mai 2025.

DBB. 2024. dbb Bürgerbefragung 2024. dbb beamtenbund und tarifunion. https://www.dbb.de/fileadmin/user_upload/globale_elemente/pdfs/2024/240626_130624_Buergerbefragung_Oeffentlicher_Dienst_2024.pdf. Zugegriffen: 3. Mai 2025.

Die Bundesregierung. 2019. Rede von Bundespräsident Dr. Frank-Walter Steinmeier beim Festakt „100 Jahre Weimarer Reichsverfassung“ am 6. Februar 2019 in Weimar. https://www.bundesregierung.de/breg-de/service/bulletin/rede-von-bundespraesident-dr-frank-walter-steinmeier-1581388. Zugegriffen: 3. Mai 2025.

Laatsch, Gunilla und Rose, Jürgen. 2025. Diskussion um Wehrpflicht: Immer weniger Soldaten für den Ernstfall. https://www.swr.de/swraktuell/baden-wuerttemberg/die-verteidigungsfaehigkeit-des-landes-erhoehen-wie-soll-das-gehen-mit-immer-weniger-soldaten-100.html. Zugegriffen: 3. Mai 2025.

Welt. 2023. Im Angriffsfall wäre jeder zehnte Deutsche zum Kriegsdienst bereit. Welt.de. https://www.welt.de/politik/deutschland/article243698965/Umfrage-Im-Angriffsfall-waere-jeder-zehnte-Deutsche-zum-Kriegsdienst-bereit.html. Zugegriffen: 3. Mai 2025.

# 2

# Architekten der Demokratie – Wer hat das Grundgesetz geschaffen?

**Inhaltsverzeichnis**



**Zusammenfassung**

Von größter Bedeutung für den Inhalt und späteren Erfolg einer Verfassung ist, wer den Text der Verfassung konkret erarbeitet und bestimmt, wie die Verfassung dann in Kraft gesetzt wird. Denn diese Personen geben den Rahmen vor, in dem sich das künftige staatliche Leben entfaltet. Je nachdem, wie die Verfassungsorgane erstmalig besetzt werden, können sich dabei für bestimmte Personen oder Parteien erhebliche Startvorteile gegenüber anderen


J. Theurer, *75 Jahre Grundgesetz: Das fragile Gleichgewicht*, https://doi.org/10.1007/978-3-658-49049-2_2

Personen oder Parteien ergeben. Denn klar ist: Wenn die neue Verfassung einer historisch patriarchal geprägten Gesellschaft ausschließlich von alten weißen Männern entworfen wird, ist die Wahrscheinlichkeit groß, dass junge schwarze Frauen auch in der neuen Verfassung tendenziell geringere Chancen haben, politische und wirtschaftliche Macht zu erringen. Deshalb jetzt die Frage: Wer waren die Väter des Grundgesetzes? Und gab es auch Mütter?

## Die verfassungsgebende Gewalt

Ganz am Anfang im Grundgesetz vom 23. Mai 1949 liest man feierlich:

**Merke**

Präambel

Im Bewußtsein seiner Verantwortung vor Gott und den Menschen,

von dem Willen beseelt, seine nationale und staatliche Einheit zu wahren und als gleichberechtigtes Glied in einem vereinten Europa dem Frieden der Welt zu dienen, **hat das Deutsche Volk**

**in den Ländern Baden, Bayern, Bremen, Hamburg, Hessen, Niedersachsen,**

**Nordrhein-Westfalen, Rheinland-Pfalz, Schleswig-Holstein, Württemberg-Baden und Württemberg-Hohenzollern,**

um, dem staatlichen Leben für eine Übergangszeit eine neue Ordnung zu geben,

**kraft seiner verfassungsgebenden Gewalt dieses Grundgesetz der Bundesrepublik Deutschland beschlossen.**

Es hat auch für jene Deutschen gehandelt, denen mitzuwirken versagt war.

Das gesamte Deutsche Volk bleibt aufgefordert, in freier Selbstbestimmung die

Einheit und Freiheit Deutschlands zu vollenden.

Klingt gut – doch stimmt das wirklich? Die Präambel nimmt Bezug auf die „Lehre von der verfassungsgebenden Gewalt des Volkes". Nach dieser Theorie ist allein das Volk berechtigt und befugt, über seine wichtigsten Angelegenheiten zu entscheiden. Und dazu gehört zweifellos die Schaffung der Verfassung.[1]

Die Juristen sind sich darin einig, dass eine Verfassung nur dann auf der verfassungsgebenden Gewalt des Volkes beruht, wenn die Verfassung real – und nicht nur fiktiv – auf den Willen des Volkes zurückgeführt werden kann: „Das Wichtigste [ist] die Äußerung des echten Willens des Souveräns".[2] Und dazu müssen die Menschen wenigstens einmal direkt an der Schaffung der Verfassung mitwirken können. In der Praxis kommen zumeist folgende Verfahren zum Einsatz:

- *Wahl einer verfassungsgebenden Versammlung:* Die Bürger wählen Vertreter für eine verfassungsgebende Versammlung. Die Vertreter entwerfen dann die Verfassung und beschließen sie. So geschah es zum Beispiel bei der „Weimarer Reichsverfassung": Am 19. Januar 1919 wurden die Mitglieder der „verfassungsgebenden Nationalversammlung" gewählt. Die Nationalversammlung erarbeitete dann die Verfassung und beschloss sie am 31. Juli 1919.

[1] Theurer 2011 (S. 63 ff.).

[2] Alvarez 1995 (S. 131).

- *Volksabstimmung:* Die Bürger stimmen über einen Verfassungsentwurf ab. Das ist mittlerweile die übliche Form einer demokratischen Verfassungsgebung und wurde zum Beispiel in Frankreich (1958), in Litauen (1991) oder zuletzt in Gabun (2024) praktiziert.
- *Kombination von beiden:* Die Bürger wählen Vertreter für eine verfassungsgebende Versammlung und abschließend gibt es eine Volksabstimmung über den von der verfassungsgebenden Versammlung erarbeiteten Verfassungsentwurf. So wurde zum Beispiel die Hessische Landesverfassung 1946 in Kraft gesetzt: Zunächst wählten die Bürger am 30. Juni 1946 die Mitglieder der „verfassungsberatenden Landesversammlung". Über den von der Landesversammlung beschlossenen Entwurf fand dann am 1. Dezember 1946 eine Volksabstimmung statt.

Traditionell ist bei einer verfassungsgebenden Versammlung eine Zweidrittelmehrheit erforderlich, während bei der Volksabstimmung eine einfache Mehrheit genügt. Schauen wir also mal, wie das beim Grundgesetz war.

## Von der Kapitulation zum Parlamentarischen Rat

Nachdem das Deutsche Reich am 8. Mai 1945 bedingungslos kapituliert hatte, übernahmen die Besatzungsmächte auf Grundlage der Viermächteerklärung vom 5. Juni 1945 die oberste Regierungsgewalt und teilten das Deutsche Reich in vier Besatzungszonen auf. Die Gebiete östlich von Oder und Neiße – also große Teile Ostpreußens, Schlesiens und Pommerns – standen hingegen fortan unter polnischer und sowjetischer Verwaltung und wurden faktisch von der deutschen Staatsgewalt abgetrennt. Da es direkt nach Kriegsende in vielen Städten, Gemeinden und Landkreisen der vier Besatzungszonen keine funktionierende deutsche Verwaltung mehr gab, setzten die Besatzungsmächte vor Ort eigene Militärregierungen ein. Doch schon ab Ende 1945 wurden allmählich auch wieder deutsche Zivilisten in die lokale Verwaltung integriert. Zum Teil wurden Bürgermeister und Gemeinderäte direkt von den Besatzungsbehörden ernannt, zum Teil gab es auch schon erste lokale Wahlen.

In der Anfangszeit nach Kriegsende waren auch die Landesregierungen und Ministerpräsidenten weitgehend von den Besatzungsmächten abhängig und wurden durch diese kontrolliert.

Am 28. Mai 1945 ernannte die amerikanische Militärregierung Fritz Schäffer zum „Temporary Minister-Präsident for Bavaria".[3] Am 28. September 1945 wurde Schäffer durch die Militärregierung abgesetzt und Wilhelm Hoegner zu seinem Nachfolger ernannt.[4]

Ab 1946/47 wurden nach und nach auch wieder politische Parteien zugelassen, insbesondere die von den Nazis verbotenen Parteien Zentrum, SPD und DKP und die neu gegründeten Parteien CDU, CSU und FDP. Ab dann wurden auch die ersten Landtage eingerichtet. Zum Teil wurden die ersten Landtagsabgeordneten aber nicht gewählt, sondern von den Besatzungsmächten ernannt.

Am 2. Oktober 1946 konstituierte sich der erste Landtag des neu gebildeten Landes Nordrhein-Westfalen. Die 100 nordrheinischen und 100 westfälischen Abgeordneten waren aber nicht von den Bürgern gewählt worden,

---

[3] Bayerische Staatsregierung 2021a.

[4] Bayerische Staatsregierung 2021b.

sondern von der britischen Besatzungsmacht ernannt.[5] Die Sitzverteilung (SPD: 71, CDU: 66, KPD: 34, Zentrum: 18, FDP: 9 Sitze und zwei Unabhängig) war aufgrund von Schätzungen über die Stärke der politischen Kräfte zustande gekommen und wurde nach den ersten Kommunalwahlen 1946 korrigiert.[6]

Auch die ersten frei von den deutschen Bürgern gewählten Landtage hatten nur sehr beschränkte Kompetenzen, insbesondere bedurften die beschlossenen Gesetze meistens noch der Zustimmung durch die jeweilige Besatzungsmacht.[7]

Im Ergebnis gab es 1948/49 in allen Ländern der drei westlichen Besatzungszonen entweder eine CDU/CSU oder eine SPD geführte Landesregierung.

Am 1. Juli 1948 übergaben die Militärgouverneure der drei westlichen Besatzungszonen den Ministerpräsidenten die sogenannte „Frankfurter Dokumente".[8] Darin waren die Bedingungen für die Gründung eines westdeutschen Teilstaats festgelegt und wie die erforderliche Verfassung geschaffen werden sollte. Nach Dokument I sollten Ministerpräsidenten bis zum 1. September 1948 eine „Verfassungsgebende Versammlung" einberufen, die eine „demokratische Verfassung" ausarbeitet. Das Verfahren dazu war konkret vorgegeben:

> „Die Ratifizierung in jedem Land erfolgt durch ein Referendum, das eine einfache Mehrheit der Abstimmenden in jedem Land erfordert, nach von jedem Land jeweils anzunehmenden Regeln und Verfahren. Sobald die Verfassung

---

[5] Landtag Nordrhein-Westfalen 2021.

[6] Landtag Nordrhein-Westfalen 2021.

[7] Landtag Nordrhein-Westfalen 2021.

[8] LeMO 2014.

von zwei Dritteln der Länder ratifiziert ist, tritt sie in Kraft und ist für die Länder bindend."[9]

Die westdeutschen Ministerpräsidenten waren davon nicht sonderlich begeistert. Sie trafen sich zu Beratungen vom 8. bis 10. Juli 1948 in Koblenz und stellten klar, dass eine Verfassung erst dann geschaffen werden könne, wenn „die Voraussetzungen für eine gesamtdeutsche Regelung gegeben sind und die deutsche Souveränität in ausreichendem Maße wiederhergestellt ist".[10] Um die Besatzungsmächte nicht ganz gegen sich aufzubringen, schlugen die Ministerpräsidenten vor, „eine Vertretung (Parlamentarischer Rat) zu wählen, die die Aufgabe hat, ... ein Grundgesetz für die einheitliche Verwaltung des Besatzungsgebietes der Westmächte auszuarbeiten".[11] Ein Volksentscheid sollte aber auf jeden Fall verhindert werden, da dieser „dem Grundgesetz ein Gewicht verleihen [würde], das nur einer endgültigen Verfassung zukommen sollte".[12] Zudem hatten die Ministerpräsidenten Angst, dass eine Volksabstimmung den Kommunisten eine ideale Propagandamöglichkeit liefern würde.[13] Und sie trauten den Deutschen auch nicht wirklich zu, in dieser wichtigen Frage schon „entscheidungsmündig" zu sein. Am 26. Juli 1948 trafen sich die Ministerpräsidenten mit den Alliierten in Frankfurt zu einer Schlusskonferenz. Dabei konnten sich die Ministerpräsidenten durchsetzen. Die Alliierten sagten Ja zur Schaffung eines Grundgesetzes in einem Parlamentarischen Rat.

---

[9] LeMO 2014.

[10] Theurer 2011 (S. 161).

[11] Theurer 2011 (S. 161).

[12] Theurer 2011 (S. 161).

[13] Theurer 2011 (S. 161).

Am 26. Juli 1948 vereinbarten die Ministerpräsidenten, in ihrem jeweiligen Landtag

> „den Entwurf eines Gesetzes für die Wahl von Abgeordneten zu dem Parlamentarischen Rat vor[zu]legen. Die Zahl der zu wählenden Abgeordneten wird nach folgenden Grundsätzen berechnet: Auf jedes Land entfällt mindestens ein Abgeordneter. Für je 750.000 Einwohner wird ein Abgeordneter gewählt. Auf überschießende mindestens 200.000 Einwohner entfällt ein weiterer Abgeordneter. Für die Berechnung der Einwohnerzahl gilt die fortgeschriebene Bevölkerungszahl nach dem Stande vom 1. Juli 1948."

In der Folge wurden in zehn der elf westdeutschen Länder nahezu identische Gesetze über den Parlamentarischen Rat beschlossen. Nur in Nordrhein-Westfalen wählte der Landtag seine Mitglieder für den Parlamentarischen Rat direkt, ohne zuvor ein entsprechendes Gesetz zu beschließen.

Die Wahlen in den Landtagen führten aufgrund der damaligen Mehrheitsverhältnisse dazu, dass die meisten stimmberechtigten Mitglieder des Parlamentarischen Rats den jeweiligen Regierungsparteien in den Landtagen angehörten. Im Ergebnis stellten die in allen westlichen Bundesländern führend an der Landesregierung beteiligten Parteien CDU/CSU und SPD jeweils 27 der 65 stimmberechtigten Mitglieder (= 41,5 %), zusammen also 83 %.

Bevor sich der Parlamentarische Rat konstituierte, tagte vom 10. bis 23. August 1948 aber noch ein „Verfassungskonvent" auf der Herreninsel im Chiemsee (Bayern). Jedes der elf Länder der Westzonen entsandte einen stimmberechtigten Delegierten (Frauenanteil: 0 %). Hinzu kamen 14 Mitarbeiter, ein nicht-stimmberechtigter Vertreter aus

Berlin und vier juristische Sachverständige.[14] Dieser „Herrenchiemseer Konvent“ erarbeitete in kurzer Zeit einen vollständigen Entwurf eines „Grundgesetzes“ mit 149 Artikeln. Es gab zu einigen Regelungen Alternativvorschläge und Kommentare. Einige Punkte blieben bis zum Ende umstritten. Der „Chiemseer-Entwurf“ wurde an das ständige Büro der Ministerpräsidentenkonferenz in Wiesbaden übersandt und gemeinsam mit den Entwürfen der Parteien am 31. August 1948 von der Ministerpräsidentenkonferenz auf Jagdschloss Niederwald (bei Rüdesheim am Rhein, Hessen) beraten. Dann wurde das gesamte Material an den Parlamentarischen Rat geschickt.

Der „Parlamentarische Rat“ konstituierte sich am 1. September 1948 in Bonn. Ihm gehörten 65 stimmberechtige Mitglieder an, darunter vier Frauen (= 6 %), ergänzt um fünf nicht-stimmberechtigte Mitglieder aus Berlin. Insgesamt wirkten – inklusive sieben Nachrückern – 77 Personen im Parlamentarischen Rat mit. Diese wurden alle von den jeweiligen Landesparlamenten gewählt (nicht von den Bürgern). 47 Mitglieder des Parlamentarischen Rats (inklusive Nachrücker) waren Beamte (= 61 %). Die beiden großen Parteien CDU/CSU und SPD hatten mit jeweils 27 Vertretern zusammen über 83 % der Stimmen im Parlamentarischen Rat.

Am 8. Mai 1949 um 23:55 Uhr stimmten 53 der 65 stimmberechtigten Mitglieder für das erarbeitete „Grundgesetz“. Die sechs Vertreter der drei kleinen Parteien Zentrum, KPD und DP stimmten geschlossen dagegen, ebenso sechs der acht CSU-Abgeordneten. Doch schon allein aufgrund der 19 Abgeordneten der CDU und der 27 Abgeordneten der SPD, hatte das Grundgesetz eine

[14] Verfassungsausschuss der Ministerpräsidenten-Konferenz der Westlichen Besatzungszonen 1948.

70 %-Mehrheit sicher. Auf die weiteren zwei Stimmen der CSU und die fünf Stimmen der FDP kam es daher gar nicht mehr an.

Unter den 53 zustimmenden Mitgliedern waren auch der spätere erste Bundeskanzler Konrad Adenauer (CDU), der spätere erste Bundespräsident Theodor Heuss (FDP) und der damalige SPD-Landesvorsitzende in Württemberg-Hohenzollern Carlo Schmid (SPD).

Am 12. Mai 1949 erklärten sich die drei westlichen Militärgouverneure mit dem Grundgesetz einverstanden. Dann waren die Landesparlamente in den drei westlichen Besatzungszonen an der Reihe. Bis zum 21. Mai 1949 stimmten alle Länder bis auf Bayern zu. Somit war die in Art. 144 Abs. 1 GG genannte Voraussetzung für das Inkrafttreten erfüllt:

> Dieses Grundgesetz bedarf der Annahme durch die Volksvertretungen in zwei Dritteln der deutschen Länder, in denen es zunächst gelten soll.

Der Bayerische Landtag hatte aber erklärt, dass das Grundgesetz auch für Bayern verbindlich sein soll, wenn es durch die übrigen Bundesländer akzeptiert würde.[15] Das Grundgesetz konnte deshalb auch von Anfang an in Bayern in Kraft treten.

Art. 145 Grundgesetz regelte das weitere Verfahren:

1. Der Parlamentarische Rat stellt in öffentlicher Sitzung unter Mitwirkung der Abgeordneten Groß-Berlins die Annahme dieses Grundgesetzes fest, fertigt es aus und verkündet es.

---

[15] Ziekow 1999 (S. 422).

2. Dieses Grundgesetz tritt mit Ablauf des Tages der Verkündung in Kraft.
3. Es ist im Bundesgesetzblatte zu veröffentlichen.

Am 23. Mai 1949 wurde das Grundgesetz in einer feierlichen Sitzung des Parlamentarischen Rates von dessen Präsidenten und Vizepräsidenten ausgefertigt und verkündet und trat dann am 24. Mai 1949 um 0:00 Uhr in Kraft.

## Und was war mit dem Volk?

Jetzt stellt sich die Frage: Wurde das Grundgesetz durch einen verfassungsgebenden Akt des deutschen Volkes geschaffen – wie es die Präambel behauptet? Zunächst können wir festhalten, dass das deutsche Volk an der Ausarbeitung und Inkraftsetzung des Grundgesetzes nicht direkt beteiligt war. Die Bürger haben weder die Mitglieder des Parlamentarischen Rats gewählt, noch gab es eine Volksabstimmung über das vom Parlamentarischen Rat erarbeitete Grundgesetz. Die Landtagsabgeordneten, die die Mitglieder des Parlamentarischen Rats gewählt hatten, waren zwar demokratisch gewählt – bei der Wahl der jeweiligen Landtage 1946/47 war aber noch gar nicht absehbar, dass es zur Schaffung einer gesamtstaatlichen Verfassung für die Länder in den westlichen Besatzungszonen kommen würde. Die Landtagsabgeordneten hatten daher allein durch ihre Wahl nicht das demokratische Mandat, die Mitglieder einer gesamtstaatlichen verfassungsgebenden Versammlung zu wählen. Damit sind die Voraussetzungen, die die Lehre von der verfassungsgebenden Gewalt des Volkes an einen verfassungsgebenden Akt stellt, im Fall des Grundgesetzes nicht erfüllt. Das entsprach ja auch ausdrücklich dem Wunsch der Ministerpräsidenten und der Mehrheit der Mitglieder im Parlamentarischen Rat, die gerade keine „echte" Verfassung schaffen wollten. So hatte zum Beispiel *Carlo Schmid* erklärt:

> „Es ist ein alter und guter Brauch, dass eine Verfassung durch das Volk sanktioniert werden muss. Aber wir wollen ja hier keine Verfassung machen, sondern wir wollen ein Provisorium schaffen und haben nicht umsonst dieses Werk bescheiden ein Grundgesetz genannt … Wir haben hier doch nur einen Schuppen, einen Notbau, und einem Notbau gibt man nicht die Weihe, die dem festen Haus gebührt. Fälschen wir nicht den Charakter dieses Werkes, indem wir es zur Volksabstimmung stellen, bringen wir, indem wir ihm eine Sanktionierung minderen Gewichtes geben, zum Ausdruck, dass es keine Verfassung ist!"[16]

Daran hat sich bis heute nichts geändert. Anlässlich der Wiedervereinigung 1990 wurde die Präambel zwar nochmal angepasst:

**Merke**

Präambel

Im Bewußtsein seiner Verantwortung vor Gott und den Menschen, von dem Willen beseelt, als gleichberechtigtes Glied in einem vereinten Europa dem Frieden der Welt zu dienen, **hat sich das Deutsche Volk kraft seiner verfassungsgebenden Gewalt dieses Grundgesetz gegeben**. Die Deutschen in den Ländern Baden-Württemberg, Bayern, Berlin, Brandenburg, Bremen, Hamburg, Hessen, Mecklenburg-Vorpommern, Niedersachsen, Nordrhein-Westfalen, Rheinland-Pfalz, Saarland, Sachsen, Sachsen-Anhalt, Schleswig-Holstein und

[16] Parlamentarischer Rat 1949 (S. 230).

> Thüringen haben in freier Selbstbestimmung die Einheit und Freiheit Deutschlands vollendet. Damit gilt dieses Grundgesetz für das gesamte Deutsche Volk.

Anlass zu dieser Verfassungsänderung war, dass die Alliierten sicherstellen wollten, dass Deutschland nach der Wiedervereinigung keine weiteren Gebietsansprüche mehr stellt. Doch auch 1990/91 waren die Bürger nicht direkt beteiligt. Es gab zwar Forderungen aus der SPD, einen „Verfassungsrat" einzurichten, der bis Ende 1992 ein neues Grundgesetz ausarbeiten und zur Volksabstimmung stellen soll.[17] Aber die damalige CDU-geführte Bundesregierung und viele andere westdeutsche Politiker und Juristen lehnten es kategorisch ab, die Wiedervereinigung über den Weg des Art. 146 GG durch die Schaffung einer gesamtdeutschen Verfassung zu vollziehen. Begründet wurde dies unter anderem damit, dass die Schaffung einer neuen Verfassung zu lange dauern würde und man das sich jetzt bietende Zeitfenster für die Wiedervereinigung nutzen müsse. Die Idee, eine Volksabstimmung über das Grundgesetz durchzuführen, wurde abgelehnt, weil das gar keine echte Abstimmung sei. Zudem wurde befürchtet, dass das Grundgesetz beschädigt und die staatliche Ordnung destabilisiert würde, wenn bei einer Volksabstimmung nur eine knappe Mehrheit für das Grundgesetz votiert. Daher erfolgte die Wiedervereinigung dann im Wege des „Beitritts" der neuen Bundesländer nach Art. 23 Satz 2 GG a. F.:

> Dieses Grundgesetz gilt zunächst im Gebiete der Länder Baden, Bayern, Bremen, Groß-Berlin, Hamburg, Hessen, Niedersachsen, Nordrhein-Westfalen, Rheinland-Pfalz, Schleswig-Holstein, Württemberg-Baden

[17] Aly 1990.

und Württemberg-Hohenzollern. In anderen Teilen Deutschlands ist es nach deren Beitritt in Kraft zu setzen.

## Also alles ok?

Die Entstehung des Grundgesetzes entsprach nicht dem traditionellen Verfahren der Verfassungsgebung nach der Lehre von der verfassungsgebenden Gewalt des Volkes. Das war und ist bis heute aber praktisch kein größeres Problem, weil es den meisten Menschen entweder nicht bewusst oder letztlich völlig egal ist. Von Seiten der Bevölkerung gab es all die Jahre nie größere Proteste aufgrund der Art des Zustandekommens – weder 1949 noch nach der Wiedervereinigung. Lediglich kleinere Gruppen (z. B. „Reichsbürger“) mäkeln gelegentlich daran herum. Aber die große Mehrheit ist damit zufrieden. Oder wie es viele Juristen sinngemäß formulieren: Die Deutschen haben mit den Füßen abgestimmt und durch die Teilnahme an den Bundestagswahlen dem Grundgesetz nachträglich ihren demokratischen Segen gegeben.

Übersehen wird dabei aber leicht Folgendes: Die Mitglieder des Parlamentarischen Rats wurden von den elf Landtagen gewählt. In jedem der elf Landesparlamente gab es 1948/49 entweder eine CDU/CSU- oder eine SPD-geführte Mehrheit und eine entsprechend dominierte Landesregierung. Diese Mehrheitsverhältnisse setzten sich 1:1 im Parlamentarischen Rat fort – obwohl bei den Wahlen der Landtage nicht absehbar war, dass die Abgeordneten an der Schaffung einer gesamtstaatlichen Verfassung mitwirken würden. Im Ergebnis waren die Mitglieder des Parlamentarischen Rats daher durchweg führende Politiker der damals von den Alliierten bereits zugelassenen Parteien. CDU/CSU und SPD verfügten jeweils über 27 der 65 Sitze und damit gemeinsam über eine Mehrheit von 83 %.

Bei der konkreten Ausgestaltung des Grundgesetzes hatte der Parlamentarische Rat trotz der zwingenden Vorgaben durch die Alliierten einen ziemlich großen Spielraum, insbesondere bei der Frage, wie die staatlichen Gewalten organisiert werden und wie das Verhältnis zwischen ihnen geregelt ist. Das gilt insbesondere für das „Wahlgesetz für die erste Bundestagswahl und für die erste Bundesversammlung", das ebenfalls noch vom Parlamentarischen Rat ausgearbeitet wurde.

Es bestand daher offenkundig die Gefahr, dass die führenden Parteipolitiker von CDU/CSU und SPD trotz aller guten Vorsätze ihre Mehrheit im Parlamentarischen Rat bewusst oder unbewusst auch dazu benutzen würden, das Grundgesetz so zu gestalten, dass es für ihre Parteien jeweils besonders vorteilhaft ist (Politiker sind schließlich auch nur Menschen).

Diese Gefahr hätten die Alliierten oder die Ministerpräsidenten bzw. die Landtage 1948 verhindern können, indem die Mitglieder des Parlamentarischen Rats direkt von der deutschen Bevölkerung gewählt werden. Oder wenn im Parlamentarischen Rat nur solche Personen stimmberechtigt gewesen wären, die selbst in keiner Partei politisch aktiv sind.

Im Folgenden werden wir deshalb untersuchen, welche Auswirkungen die parteipolitische Zusammensetzung des Parlamentarischen Rates auf die Entwicklung des Grundgesetzes und auf das Gleichgewicht der staatlichen Gewalten bis heute hatte.

## Fazit

- Die Entstehung des Grundgesetzes entsprach nicht dem traditionellen Verfahren der Verfassungsgebung nach der Lehre von der verfassungsgebenden Gewalt des Volkes.
- CDU/CSU und SPD verfügten im Parlamentarischen Rat jeweils über 27 der 65 Sitze und damit gemeinsam über eine Mehrheit von 83 %.
- Es ist zu klären, ob die Mehrheit von CDU/CSU und SPD im Parlamentarischen Rat dazu beigetragen hat, dass das Grundgesetz diesen Parteien langfristig strukturelle Vorteile verschafft hat.

## Literatur

Alvarez, Alejandro. 1995. Die verfassunggebende Gewalt des Volkes unter besonderer Berücksichtigung des deutschen und chilenischen Grundgesetzes. Frankfurt am Main, Berlin, Bern, New York, Paris Wien: Peter Lang GmbH, Internationaler Verlag der Wissenschaften.

Aly, Götz. 1990. SPD diskreditiert Idee einer Verfassung. taz.de. https://taz.de/SPD-diskreditiert-Idee-einer-Verfassung/!1760031/. Zugegriffen: 3. Mai 2025.

Bayerische Staatsregierung. 2021a. Fritz Schäffer: Lebenslauf und Kabinett. https://www.bayern.de/staatsregierung/ministerpraesidenten-und-kabinette-seit-1945/fritz-schaeffer/. Zugegriffen: 3. Mai 2025.

Bayerische Staatsregierung. 2021b. Dr. Wilhelm Hoegner: Lebenslauf und Kabinett. https://www.bayern.de/staatsregierung/ministerpraesidenten-und-kabinette-seit-1945/dr-wilhelm-hoegner/. Zugegriffen: 3. Mai 2025.

Landtag Nordrhein-Westfalen. 2021. 1947 – Die erste Landtagswahl. https://www.landtag.nrw.de/home/der-landtag/geschichte-des-landtags/zur-geschichte-des-landes-nrw/1947%2D%2D-die-erste-landtagswahl.html. Zugegriffen: 3. Mai 2025.

LeMO. 2014. Wortlaut der von den Militärgouverneuren am 1.Juli 1948 den elf Ministerpräsidenten in Frankfurt am Main übergebenen Dokumente („Frankfurter Dokumente"). Deutsches Historisches Museum und Haus der Geschichte der Bundesrepublik Deutschland. https://web.archive.org/web/20140429045630/http://www.hdg.de/lemo/html/dokumente/Nachkriegsjahre_erklaerungFrankfurterDokumente/index.html. Zugegriffen: 3. Mai 2025.

Parlamentarischer Rat. 1949. Stenographischer Bericht – 10. Sitzung vom 08.05.1949.

Theurer, Jochen. 2011. Die Ablösung des Grundgesetzes durch Art. 146 GG. Hamburg: Verlag Dr. Kovac.

Verfassungsausschuss der Ministerpräsidenten-Konferenz der Westlichen Besatzungszonen. 1948. Bericht über den Verfassungskonvent auf Herrenchiemsee vom 10. bis 23. August 1948. München: Richard Pflaum Verlag.

Ziekow, Jan. 1999. Einheit in Freiheit – 50 Jahre Grundgesetz für die Bundesrepublik Deutschland. JuS 1999, 417. München: Verlag C.H. Beck.

# 3

# Das Fundament der Freiheit – Mit welcher Gewaltenteilung startete das Grundgesetz?

**Inhaltsverzeichnis**



**Zusammenfassung**

Die Idee, die Staatsgewalt in Legislative, Exekutive und Judikative aufzuteilen, geht vor allem auf die Aufklärung im 18. Jahrhundert zurück. Allerdings gibt es nicht „die" eine Form von Gewaltenteilung. Im Laufe der Zeit wurden immer wieder neue Ansätze entwickelt, um das Prinzip der klassischen Gewaltenteilung fortzuentwickeln und an neue gesellschaftliche und technische Entwicklungen anzupassen. In diesem Kapitel untersuchen wir deshalb, wie die Gewaltenteilung im Grundgesetz konkret ausgestaltet ist und welche Konsequenzen sich daraus ergeben.


J. Theurer, *75 Jahre Grundgesetz: Das fragile Gleichgewicht*, https://doi.org/10.1007/978-3-658-49049-2_3

## Die Klassiker der Gewaltenteilung

Gewaltenteilung bedeutet vom Wortlaut her zunächst einmal nur, dass sich die staatliche Gewalt nicht ausschließlich in einer Person oder in einem Organ konzentriert, sondern auf mehrere verteilt ist. Das ist aber in jeder größeren Gruppe und damit auch in jeder Gesellschaft so. Selbst ein absoluter Herrscher, König oder Diktator ist schon praktisch gar nicht in der Lage, die gesamte staatliche Gewalt selbst auszuüben. Zwar kann er theoretisch jedem seiner Untertanen, Beamten, Richter, Minister oder Soldaten Anweisungen geben. Doch kann er dies keinesfalls in jeder Situation machen, sondern immer nur in ausgewählten Einzelfällen. Die große Mehrzahl aller staatlichen Gewaltausübungen wird auch in einem solchen System von anderen Menschen gemacht.

In den griechischen Stadtstaaten verteilte sich die staatliche Gewalt zum Beispiel auf Volksversammlungen, Räte und Beamte. Im alten Rom war die Macht mal mehr, mal weniger stark zwischen Senat, Kaisern, Konsuln, Volkstribunen usw. aufgeteilt. Und auch die deutschen Kaiser mussten sich viele Jahrhunderte lang die Macht mit Königen, Fürsten und Päpsten teilen. Und jeder dieser kleinen Souveräne musste sich in seinem Machtbereich wiederum auf eine Vielzahl von Mitarbeitern verlassen und konnte nur einen ausgewählten kleinen Kreis von Machtausübungen selbst vorgeben und entscheiden.

Doch das ist offensichtlich nicht gemeint, wenn wir von Gewaltenteilung sprechen. Als moderner westlicher Mensch verstehen wir darunter meistens das, was in der gängigen Formel „Gewaltenteilung ist die Verteilung der staatlichen Gewalt auf Exekutive, Legislative und Judikative" auf den Punkt gebracht wird.

Diese Idee geht im Wesentlichen auf die Aufklärung im 18. Jahrhundert zurück. Besonders drei berühmte Denker haben daran großen Anteil:

- Der französische Jurist, Philosoph und Staatstheoretiker Charles de Montesquieu (1689–1755) mit seinem 1748 erschienenen Werk „De l'esprit des loix" (deutsch: „Vom Geist der Gesetze")
- Der englische Arzt und Philosoph John Locke (1632–1704) mit seinem 1689 erschienenen Werk „Two Treatises of Civil Government" (deutsch: „Zwei Abhandlungen über die Regierung")
- Der in Genf geborene Schriftsteller, Philosoph und Komponist Jean-Jacques Rousseau (1712–1778) mit seinem 1762 erschienenen Werk „Du contrat social ou Principes du droit politique" (deutsch: „Vom Gesellschaftsvertrag oder Prinzipien des politischen Rechtes")

Der in Königsberg geborene Philosoph Immanuel Kant (1724–1804) fasste diese Ideen in den §§ 45 – 48 seiner „Metaphysische Anfangsgründe der Rechtslehre" von 1797 so zusammen:

> „Ein jeder Staat enthält drei *Gewalten* in sich …: die *Herrschergewalt* (Souveränität), in der des Gesetzgebers, die *vollziehende Gewalt*, in der des Regierers (zu Folge dem Gesetz) und die *rechtsprechende Gewalt* (als Zuerkennung des Seinen eines jeden nach dem Gesetz), in der Person des Richters … Die gesetzgebende Gewalt kann nur dem vereinigten Willen des Volkes zukommen … Die drei Gewalten im Staate sind also *erstlich* einander … beigeordnet … d. i. die eine ist das Ergänzungsstück der anderen zur Vollständigkeit … der Staatsverfassung; aber, *zweitens,* auch einander *untergeordnet* …, so, daß eine nicht zugleich die Funk-

tion der anderen, der sie zur Hand geht, usurpieren kann, sondern ihr eigenes Prinzip hat; *drittens,* durch Vereinigung beider jedem Untertanen sein Recht erteilend sein."[1]

In den wesentlichen Punkten waren und sind sich bis heute die westlichen Philosophen, Rechtsgelehrten und Politiker weitgehend einig:

- Um eine angemessene Kontrolle und Balance zu gewährleisten, soll die staatliche Gewalt dreigeteilt sein in die gesetzgebende Gewalt (Legislative), in die die Gesetze ausführende Gewalt (Exekutive) und in die rechtsprechende Gewalt (Judikative).
- Die drei Gewalten sollen sich gegenseitig kontrollieren und regulieren („Checks and Balances") und dadurch Machtmissbrauch verhindern sowie die Freiheit der Bürger schützen. Das setzt voraus, dass jede der drei Gewalten unabhängig von den beiden anderen ist und dass keine der drei Gewalten die anderen dominieren kann.

In anderen Punkten waren Montesquieu, Locke und Rousseau unterschiedlicher Ansicht. So unterschied Locke zusätzlich eine „föderative Gewalt", die sich mit internationalen Angelegenheiten, wie Krieg, Frieden und Außenbeziehungen, befasst. Zudem plädierte er dafür, dass Legislative und Exekutive eng zusammenwirken sollen und dass in Krisenzeiten die Macht – temporär und streng kontrolliert – von einzelnen Personen oder Gruppen ausgeübt werden kann. Und für Locke war klar, dass die Bürger eine Regierung, die ihre Macht missbraucht oder gegen die Interessen des Volkes handelt, absetzen dürfen. Rousseau betonte dagegen die Macht und Souveränität des

[1] Kant 1797.

Volkes. Ihm zufolge sollte die gesamte politische Macht in der Gesellschaft beim Volk liegen, vor allem die legislative Gewalt. Die Gesetze sollen die Interessen aller Bürger gleichermaßen berücksichtigen und allgemein und abstrakt sein, d. h. nicht auf einzelne Personen oder spezifische Situationen zugeschnitten. Anders als Montesquieu und Locke forderte Rousseau jedoch keine strenge absolute Gewaltenteilung, da dies „die Einheit und den Willen des Volkes untergraben" könnte.

Schon damals zeigte sich, dass es nicht „die eine" Form der Gewaltenteilung gibt. Das zeigte sich dann auch in der Realität. Die von Montesquieu, Locke und Rousseau entwickelten Grundsätze der Gewaltenteilung wurden erstmals in der US-Verfassung von 1787 und in der 1791 verabschiedeten französischen Verfassung praktisch umgesetzt. Während die US-Verfassung sich als sehr stabil erwies und bis heute in Kraft ist, war das Schicksal ihres französischen Pendants wesentlich wechselhafter. Die Verfassung von 1791 wurde bereits 1793 durch eine neue Verfassung abgelöst, die ihrerseits 1795 ersetzt wurde. Und in den folgenden Jahren ging es munter so weiter. In der Verfassung von 1802 wurde Napoleon als Erster Konsul auf Lebenszeit eingesetzt. 1804 trat die „Verfassung des Ersten Französischen Kaiserreiches" in Kraft, durch die Napoleon Bonaparte zum Kaiser der Franzosen erklärt wurde. Und bis zur heutigen „5. Republik" hat es in Frankreich fast 20 Verfassungen gegeben.

In Deutschland hatte die Idee der Gewaltenteilung im 19. Jahrhundert ebenfalls viele Anhänger. Allerdings konnte sich die während der Revolution 1848/49 von der Frankfurter Nationalversammlung erarbeitete „Paulskirchenverfassung" nicht durchsetzen. Mit der Weimarer Verfassung von 1919 wurde in Deutschland ziemlich spät erstmals eine demokratische Verfassung geschaffen, die ein parlamentarisches System mit klarer Gewaltenteilung etablierte. Die Weimarer Reichsverfassung teilte die staatliche Gewalt auf in Legislative (Reichstag und Reichsrat), Exekutive (Reichspräsident und Reichsregierung) und Judikative (unabhängige Gerichte, aber noch kein Verfassungsgericht). Dieses System wurde nach der Machtübernahme durch Hitler und die Nationalsozialisten im Jahr 1933 zwar nicht formal aufgehoben, faktisch aber außer Kraft gesetzt, insbesondere durch das sogenannte Ermächtigungsgesetz vom 24. März 1933.

Heute gibt es weltweit ganz unterschiedliche Ausprägungen und Erscheinungsformen der Gewaltenteilung. Während in klassischen Demokratien wie den USA oder der Schweiz die Gewaltenteilung fest verankert ist und effektiv funktioniert, sieht die Realität in anderen Staaten ganz anders aus. In Ungarn etwa hat Ministerpräsident Viktor Orbán die Gewaltenteilung Schritt für Schritt ausgehöhlt: Gerichte, Parlament und Medien stehen weitgehend unter Kontrolle der Regierung. Wahlen finden weiterhin statt, echte politische Konkurrenz wird jedoch systematisch behindert. In autoritären Systemen wie China und Saudi-Arabien fehlt eine Gewaltenteilung sogar völlig. In China hält die Kommunistische Partei sämtliche staatlichen Machtmittel fest in der Hand – Gerichte, Regierung und Parlament agieren im Einklang mit den Parteivorgaben. In Saudi-Arabien konzentriert der König alle Gewalten auf sich; das Parlament hat lediglich beratende Funktion, eine unabhängige Justiz existiert nicht.

## Neue Ideen zur Gewaltenteilung

Im Laufe der Zeit wurden immer wieder neue Ideen entwickelt, um das Prinzip der klassischen Gewaltenteilung fortzuentwickeln und an neue gesellschaftliche und technische Entwicklungen anzupassen.

## Regelungen, die den Einfluss der Bürger stärken

Je stärker die Bürger in den politischen Entscheidungsprozess eingebunden sind, desto mehr können sie ihre Freiheit gegenüber den drei Gewalten selbst sichern. Dies kann zum Beispiel durch Elemente der direkten Demokratie erfolgen.

Als weltweit Vorbild gilt hier die Schweiz. Dort können die Bürger durch Volksabstimmungen auf allen politischen Ebenen – von der Gemeinde bis zur Bundesverfassung – regelmäßig über wichtige Sachfragen selbst entscheiden und direkten Einfluss auf die Politik nehmen. In jedem Quartal ist ein „Blanko-Abstimmungstermin" angesetzt. Dadurch wird die demokratische Legitimation des staatlichen Handelns erheblich gestärkt.

Durch den Einsatz digitaler Technologien ist es möglich, die Bürger direkt und in Echtzeit an politischen Entscheidungsprozessen mitwirken zu lassen. Über Online-Plattformen und Apps können die Bürger unkompliziert digital abstimmen oder über „kollaborative Plattformen" in Echtzeit Feedback geben und an politischen Diskussionen teilnehmen.

Eine verstärkte politische Bildung befähigt die Bürger, die Funktionsweise des Staates besser zu verstehen, ihre Rechte und Pflichten zu kennen und sich aktiv am politischen Prozess zu beteiligen. Je besser die politische Bildung, desto fundiertere Entscheidungen können die Bürger treffen.

Die „Bundeszentrale für politische Bildung" soll das „Bewusstsein für Demokratie und politische Partizipation" fördern, indem sie aktuelle und historische Themen mit

Veranstaltungen, Printprodukten, audiovisuellen und Online-Produkten aufgreift.[2]

Besonders demokratisch ist es, wenn die Bürger bereits an der Entstehung der Verfassung beteiligt sind („partizipative Verfassungsgebung“). Dann können sie von Anfang an aktiv ihre Vorstellung von Gewaltenteilung mit einbringen. Das bietet die beste Gewähr, dass ihre Meinungen, Bedürfnisse und Rechte in der Endfassung tatsächlich berücksichtigt werden.

In Irland gab es von 2012 bis 2014 einen Verfassungskonvent, der Empfehlungen abgeben sollte, ob die Verfassung an einigen Stellen geändert werden soll. Von den 100 Mitgliedern waren 66 nach dem Zufallsprinzip ausgewählte Bürger, dazu kamen noch der von der Regierung nominierte Vorsitzende und 33 von den politischen Parteien ausgewählte Vertreter.

Bürgerbeauftragte und Ombudsstellen können helfen, dass die Bürger ihre Rechte besser schützen und ihre Anliegen und Beschwerden an die richtigen staatlichen Stellen weitergeleitet werden.

Die Bürgerbeauftragte des Landes Baden-Württemberg steht „mit meinem Team zur Verfügung, um Sie im Umgang mit der Landesverwaltung zu beraten und zu unterstützen. Ich bin in meiner Aufgabenwahrnehmung unabhängig und weisungsungebunden.“[3]

Die „Liste der Beauftragten der Bundesregierung“[4] umfasst aktuell 43 Beauftragte, darunter die „unabhängige Bundesbeauftragte für Antidiskriminierung“ und den „Beauftragten der Bundesregierung für jüdisches Leben in Deutschland und den Kampf gegen Antisemitismus“.

---

[2] Bpb 2022.

[3] Der Bürgerbeauftragte 2023.

[4] BMI 2023.

## Regelungen für eine effektive Kontrolle der staatlichen Gewalten

Mit Hilfe der digitalen Technologien können den Bürgern staatliche Informationen und Dienstleistungen leicht zugänglich gemacht werden. Dadurch können sie staatliche Entscheidungen besser nachvollziehen und kontrollieren. Von großer Bedeutung ist zum Beispiel das „Informationsfreiheitsgesetz (IFG)", mit dessen Hilfe sich Bürger leicht selbst von staatlichen Stellen und Behörden Informationen und Auskünfte besorgen können. Auch in den meisten Bundesländern gibt es mittlerweile entsprechende Landes-IFGs. Über Internetportale wie „FragDenStaat.de" ist es möglich, unkompliziert, kostenlos und anonym eine professionelle Anfrage an Ämter, Behörden und Politiker zu schicken.

Dass solche Möglichkeiten sinnvoll und notwendig sind, zeigen immer wieder besonders abschreckende Negativ-Beispiele, in denen Behörden eine völlig überzogene Geheimniskrämerei betreiben:

So durften bei den Verhandlungen über das Freihandelsabkommen TTIP zunächst nicht einmal die demokratisch gewählten Abgeordneten des EU-Parlaments die Verhandlungsdokumente einsehen. Nachdem das für großen Protest in der Öffentlichkeit sorgte, wurde ihnen immerhin zugestanden, in einem „Leseraum im Bundeswirtschaftsministerium" die Unterlagen zu studieren – aber nur, wenn sie sich in der Woche vorher für einen zwei-Stunden-Termin angemeldet haben, ihr Handy abgeben, nichts kopieren oder fotografieren und danach schweigen.[5] Oder als die EU-Kommission den Herstellern der mRNA-Coronaimpfstoffe 2021 vermutlich viele Milliarden Euro

[5] Pinzler 2016.

zu viel bezahlte: Bis heute weigert sich die EU, die entsprechenden Verträge und andere Umstände wie die SMS von Kommissionspräsidentin von der Leyen an den Pfizer-Chef Albert Bourla zu veröffentlichen.[6]

Ein wichtiges Kontrollorgan ist auch eine freie Presse („4. Gewalt"): Je stärker die Arbeit von Journalisten und Presseorganen rechtlich geschützt ist, desto mehr können sie dazu beitragen, Korruption, Machtmissbrauch und sonstige durch die für den Staat handelnden Personen verursachten Missstände aufzudecken. Man denke nur an die „Watergate-Affäre", in deren Zuge der damalige US-Präsident Richard Nixon seiner drohenden Amtsenthebung nur durch einen freiwilligen Rücktritt zuvorkam.

Eng damit verbunden ist der Schutz von Journalisten vor Einschüchterung und Verfolgung, das Verbot staatlicher Zensur und eine grundrechtlich garantierte Pressefreiheit. Aktuell gibt es nach wie vor Länder, in denen Journalisten auf Demonstrationen angegriffen, willkürlich verhaftet, zu langjährigen Haftstrafen verurteilt oder sogar gezielt ermordet werden.[7]

Hilfreich ist auch ein möglichst umfassender „Whistleblower-Schutz". Je besser Personen, die Missstände oder illegales Verhalten in staatlichen Institutionen, Behörden oder Unternehmen aufdecken, rechtlich geschützt sind und je weniger Nachteile sie befürchten müssen, desto eher werden diese Personen bereit sein, solche Verstöße auch aufzudecken und ihr Wissen zum Beispiel an Journalisten weiterzugeben. Dass dies notwendig ist, zeigen die spektakulären Beispiele von Chelsea Manning und Edward Snowden.

---

[6] Bonse 2023.

[7] RSF 2023.

Chelsea Manning gab Dokumente der US-Armee weiter, wodurch US-Kriegsverbrechen bekannt wurden. Daraufhin wurde Manning 2010 verhaftet und wegen Spionage und Diebstahl zu 35 Jahren Gefängnis verurteilt. Kurz vor Ende seiner Amtszeit verkürzte der damalige US-Präsident Barack Obama die Strafe 2017 auf knapp sieben Jahre. Edward Snowden löste mit den von ihm veröffentlichten Dokumenten 2013 die „NSA-Affäre" aus. Er flüchtete nach Russland, wo er politisches Asyl erhielt und bis heute lebt. In den USA wird zum Teil gefordert, ihn wegen Hochverrat hinzurichten. Deutsche Politiker haben sich nicht getraut, Snowden Asyl zu gewähren und könnten wohl auch nicht dauerhaft für seine Sicherheit sorgen.

Eine wirksame Kontrolle der drei Gewalten kann durch ein Verfassungsgericht sichergestellt werden, das die Kompetenz hat, möglichst umfassend die Akte der staatlichen Gewalten auf ihre Rechtmäßigkeit hin zu überprüfen und bei Verstößen entsprechende Sanktionen anzuordnen.

In Deutschland kann jeder eine Verfassungsbeschwerde beim Bundesverfassungsgericht erheben, der behauptet, „durch die öffentliche Gewalt in einem seiner Grundrechte oder in einem seiner in Artikel 20 Abs. 4, 33, 38, 101, 103 und 104 enthaltenen Rechte verletzt zu sein" (Art. 93 Abs. 1 Nr. 4a GG).

Je strenger die Korruption von Amtsträgern und Politikern in einem Staat bestraft und sanktioniert wird, desto seltener werden sich die betreffenden Personen bestechen lassen. Das setzt aber voraus, dass es Behörden gibt, die die Anti-Korruptionsgesetze auch tatsächlich durchsetzen und anwenden. Je unabhängiger so eine Behörde ist, desto besser kann sie ihren Auftrag erfüllen.

In Deutschland sind die Staatsanwälte nach § 146 GVG weisungsgebunden: „Die Beamten der Staatsanwaltschaft haben den dienstlichen Anweisungen ihres Vorgesetzten nachzukommen". Oberster Dienstherr ist der jeweilige Justizminister, also ein Parteipolitiker. Anklagen gegen Politiker wegen Korruption sind deshalb selten – Verurteilungen erst recht. Sogar das Ermittlungsverfahren gegen Helmut Kohl im Rahmen der „CDU-Spendenaffäre" wurde durch Zahlung von 300.000 DM eingestellt.[8]

Hilfreich sind des Weiteren die Schaffung von Transparenz über Spenden und Lobbyismus und die Begrenzung von „unangemessenem Einfluss" einzelner Personen und Gruppen. Denn je genauer die Bürger wissen, welche Parteien und Politiker von welchen Personen und Unternehmen Geld bekommen (sei es in Form von Spenden, Nebentätigkeiten oder „Anschlussverwendungen") und welche Personen als Lobbyisten welcher Unternehmen und Gruppierungen Zugang zu den Abgeordneten und Regierungsmitgliedern haben, desto besser können sie deren Verhalten deuten und bewerten und ihre Schlüsse daraus ziehen. Hilfreich ist dafür zum Beispiel, wenn Politiker und Parteien jede Spende veröffentlichen müssen, wenn es Höchstgrenzen für Parteispenden gibt oder wenn nur Menschen spenden dürfen und nicht auch Unternehmen oder Lobbygruppen.

Je stärker die Zivilgesellschaft und Nichtregierungsorganisationen (NGOs) rechtlich geschützt sind, desto mehr können sie eine zusätzliche Kontrollfunktion gegenüber den staatlichen Organen wahrnehmen und den Bürgern effektiv helfen, ihre Rechte wahrzunehmen. So hat zum Beispiel die Deutsche Umwelthilfe (DUH) mit ihren zahlreichen Klagen deutsche Politiker, Behörden und Unternehmen bereits in vielen Bereichen zu gesetzmäßigem Handeln gezwungen, insbesondere beim Klimaschutz.

[8] Weiland 2017.

## Regelungen für eine möglichst gute Entscheidungsgrundlage

Mit Hilfe unabhängiger Kommissionen und Beratungsgremien können sich die staatlichen Gewalten objektive Informationen für eine möglichst fundierte Entscheidung beschaffen. Das funktioniert besonders gut, wenn die Mitglieder aus unterschiedlichen Fachgebieten kommen und ihr jeweiliges Expertenwissen einfließen lassen können. Die bekanntesten Beispiele dafür in Deutschland sind der Deutsche Ethikrat und der Sachverständigenrat zur Begutachtung der gesamtwirtschaftlichen Entwicklung.

Die verpflichtende Fortbildung von Amtsträgern erhöht die Chance für „bessere" Entscheidungen. So können zum Beispiel Richter in Aussagepsychologie fortgebildet werden. Auch Bundestagsabgeordnete würden von Schulungen in den Bereichen Ethik, Integrität und Funktionsweise des Rechtssystems profitieren.

Durch objektive Mindestanforderungen bezüglich Ausbildung und Berufserfahrung kann die Chance erhöht werden, dass Personen, die staatliche Gewalt ausüben, gute Entscheidungen treffen.

Das ist zum Beispiel in der Justiz seit jeher anerkannt. Richter oder Staatsanwälte müssen deshalb zwei juristische Staatsprüfungen absolviert haben. Dagegen sind für Bundestagsabgeordnete, Minister und sonstige Spitzenpolitiker aktuell keinerlei fachliche Qualifikationen vorgeschrieben. Man kann deshalb auch ohne abgeschlossene Ausbildung oder Berufserfahrung außerhalb der Politik Außenminister (Joschka Fischer), Generalsekretär (Kevin Kühnert) oder Vorsitzende einer Regierungspartei (Ricarda Lang) werden.

## Regelungen, die den Bürgern möglichst viele Grundrechte garantieren

Durch gesetzliche Vorgaben oder verfassungsrechtliche Regelungen kann man versuchen, die Rechte der Bürger möglichst umfassend zu gewährleisten und ihre Interessen angemessen zu schützen.

Um die Grundrechte auch tatsächlich ausüben zu können, muss aber zugleich die Erfüllung der grundlegenden menschlichen Bedürfnisse sichergestellt sein, denn wer unter Existenzangst leidet und nicht weiß, wie er die Familie finanziell durchbringen soll, hat kaum Zeit und Muße, sich politisch zu engagieren und auf Demonstrationen zu gehen.

## Regelungen, um Minderheiten angemessen zu beteiligen

Gendergerechte Gewaltenteilung: Durch gesetzliche Vorgaben kann sichergestellt werden, dass Frauen und Männer in den Parlamenten, der Justiz und in der Verwaltung gemäß ihrem tatsächlichen Anteil an der Bevölkerung vertreten sind. In Thüringen und Brandenburg wurden deshalb Gesetze verabschiedet, nach denen die Parteien ihre Listenplätze abwechselnd mit Männern und Frauen besetzen müssen. Beide „Paritätsgesetze" wurden von den jeweiligen Landesverfassungsgerichten jedoch für verfassungswidrig erklärt.[9]

Interkulturelle Gewaltenteilung: Durch gesetzliche Vorgaben kann versucht werden, dass möglichst viele unterschiedliche kulturelle und ethnische Gruppen einer

[9] Buchholz und Zimmermann 2023.

Gesellschaft in politische und staatliche Entscheidungsprozesse mit einbezogen werden. In Deutschland gibt es deshalb seit 2006 die Deutsche Islamkonferenz. Daraus wurden bis heute zahlreiche Vorgaben zum Schutz von Minderheiten abgeleitet, insbesondere die Zulässigkeit des betäubungslosen Schächtens für Moslems und Juden.[10]

## Die real existierende Gewaltenteilung im Grundgesetz

Die Mitglieder des Parlamentarischen Rats, die am 8. Mai 1949 für den erarbeiteten Entwurf des Grundgesetzes stimmten, hatten sich (unter Beachtung der Vorgaben der Alliierten) für folgendes Modell der Gewaltenteilung entschieden:

### Klassische Dreiteilung der Gewalten

In Art. 20 Abs. 2 GG ist die klassische Teilung der Staatsgewalt in Exekutive, Legislative und Judikative festgelegt:

> Alle Staatsgewalt geht vom Volke aus. Sie wird vom Volke in Wahlen und Abstimmungen und durch besondere Organe der Gesetzgebung, der vollziehenden Gewalt und der Rechtsprechung ausgeübt.

Zudem ist die Staatsgewalt zwischen Bund und Ländern aufgeteilt, wobei nach Art. 30 GG grundsätzlich die Länder zuständig sind:

[10] Niedersächsisches Ministerium für Ernährung, Landwirtschaft und Verbraucherschutz 2019.

> Die Ausübung der staatlichen Befugnisse und die Erfüllung der staatlichen Aufgaben ist Sache der Länder, soweit dieses Grundgesetz keine andere Regelung trifft oder zuläßt.

In der Realität ist der Bund wesentlich „mächtiger“ als die Länder. So hat der Bund die Gesetzgebungszuständigkeit für nahezu alle wichtigen Lebensbereiche (Ausnahme: Schule und Polizei). Es gilt der Grundsatz: „Bundesrecht bricht Landesrecht“ (Art. 31 GG). Der Bund kann im Wege des „Bundeszwangs“ ein Land „zur Erfüllung seiner Pflichten anhalten“ (Art. 37 Abs. 1 GG). Und die oberen Bundesgerichte stehen im Instanzenzug über den Gerichten der Länder und können deren Urteile und Entscheidungen aufheben.

Soweit der Bund zuständig ist, besteht die Legislative aus Bundestag und Bundesrat. Der Bundestag wird direkt vom Volk gewählt. Die Mitglieder des Bundesrats werden von den Landesregierungen ernannt. Bundestag und Bundesrat haben vor allem die Aufgabe, Gesetze zu beschließen.

Die Exekutive des Grundgesetzes besteht aus der Bundesregierung (= Bundeskanzler und Bundesminister), dem Bundespräsidenten und der übrigen Bundesverwaltung. Der Bundeskanzler wird vom Bundestag gewählt. Die Bundesminister werden auf Vorschlag des Bundeskanzlers vom Bundespräsidenten ernannt. Die Bundesregierung ist „Herrin“ der Bundesverwaltung und entscheidet über die wichtigsten Politikfelder (z. B. Außen-, Verteidigungs- und Finanzpolitik).

Der Bundespräsident wird von der Bundesversammlung gewählt, die aus allen Mitgliedern des Bundestags und ebenso vielen, von den Parlamenten der Bundesländer gewählten Personen besteht. Der Bundespräsident vertritt den Bund völkerrechtlich und schließt im Namen des Bundes Verträge mit ausländischen Staaten ab (ausgehandelt werden die Verträge jedoch von der Bundesregierung). Zudem ernennt und entlässt der Bundespräsident die Bundesbeamten und Bundesrichter, fertigt die vom Bundestag und Bundesrat beschlossenen Gesetze aus und verkündet sie im Bundesgesetzblatt (Art. 82 Abs. 1 GG), was Voraussetzung dafür ist, dass ein Gesetz in Kraft tritt.

Die Judikative besteht nach dem Grundgesetz aus dem Bundesverfassungsgericht, den oberen Bundesgerichten (z. B. Bundesgerichtshof, Bundesverwaltungsgericht und Bundessozialgericht) und den vielen Gerichten der Länder (z. B. Amtsgericht Tiergarten, Landgericht München II, Verwaltungsgerichtshof Baden-Württemberg). Die Richter sind unabhängig und nur dem Gesetz unterworfen. Sie prüfen Rechtsstreitigkeiten und fällen Urteile.

## Checks and Balances

Der Parlamentarische Rat hat im Grundgesetz das Prinzip der „Checks and Balances" im Wesentlichen durch folgende Regelungen implementiert:

Die Legislative kontrolliert die Exekutive wie folgt:

- Der Bundestag wählt den Bundeskanzler (Art. 63 GG).
- Der Bundestag kann durch ein konstruktives Misstrauensvotum den Bundeskanzler abwählen (Art. 67 GG).
- Der Bundestag hat das Recht, Untersuchungsausschüsse einzurichten, um die Tätigkeit der Regierung zu überprüfen (Art. 44 GG).
- Der Bundestag hat die Budgethoheit und entscheidet über die finanziellen Mittel, die der Bundesregierung zur Verfügung stehen (Art. 110 GG).

- Bundestag und Bundesrat können den Bundespräsidenten vor dem Bundesverfassungsgericht anklagen und so für seine Amtsenthebung sorgen (Art. 61 GG).

Die Exekutive kontrolliert die Legislative wie folgt:

- Die Bundesregierung kann jedes von Bundestag beschlossene Gesetz vom Bundesverfassungsgericht auf seine Vereinbarkeit mit dem Grundgesetz überprüfen lassen („abstrakte Normenkontrolle", Art. 94 Abs. 1 Nr. 2 GG).
- Die Bundesregierung hat das Initiativrecht zur Gesetzgebung (Art. 76 GG).
- Der Bundespräsident kann Gesetze vor der Unterzeichnung auf ihre Verfassungsmäßigkeit prüfen und die Unterschrift verweigern.

Die Legislative kontrolliert die Judikative wie folgt:

- Bundestag und Bundesrat wählen je zur Hälfte die Richter am Bundesverfassungsgericht (Art. 93 Abs. 2 GG).
- Die Richter an den Bundesgerichten werden vom Richterwahlausschuss gewählt, der aus den 16 Justizministern der Länder und 16 vom Bundestag gewählten Mitgliedern besteht.
- Der Bundestag kann durch Gesetze bestimmen, wie die Gerichte tätig werden können und müssen (z. B. Strafprozessordnung – StPO, Bundesverfassungsgerichtsgesetz – BVerfGG) und welche Rechtsstellung die Richter haben (Deutsches Richtergesetz – DRiG).
- Bundestag und Bundesrat können durch Gesetzesänderungen auf Entscheidungen und Urteile der Gerichte reagieren.

Die Judikative kontrolliert die Legislative wie folgt:

- Das Bundesverfassungsgericht kann Gesetze für ungültig erklären, wenn sie gegen das Grundgesetz verstoßen (Art. 94 GG).
- Hält ein Gericht ein Gesetz, auf dessen Gültigkeit es bei der Entscheidung ankommt, für nicht mit dem Grundgesetz vereinbar, kann es die Entscheidung des Bundesverfassungsgerichts darüber einholen (Art. 100 Abs. 1 GG).
- Das Bundesverfassungsgericht kann eine Partei verbieten oder von der staatlichen Finanzierung ausschließen, wenn sie die freiheitlich-demokratische Grundordnung bedroht (Art. 21 GG).

Die Exekutive kontrolliert die Judikative wie folgt:

- Die 16 Justizminister der Länder wählen gemeinsam mit 16 Bundestagsabgeordneten im „Richterwahlausschuss" die Richter an den obersten Gerichtshöfen des Bundes.[11]
- Die Justizministerien der Länder entscheiden über die Einstellung in den Justizdienst und über die Beförderung der Richter.
- Die Justizministerien wirken als oberste Dienstbehörden bei der Entscheidung über Disziplinarmaßnahmen gegen Richter mit.

Die Judikative kontrolliert die Exekutive wie folgt:

- Die Gerichte können alle Maßnahmen der Exekutive auf ihre Rechtmäßigkeit hin überprüfen und ggf. aufheben oder für nichtig erklären.

---

[11] Deutscher Bundestag 2014.

- Die Gerichte können Amtsträger bei entsprechendem Fehlverhalten sanktionieren (z. B. aus dem Beamtenverhältnis entfernen).

Zudem entscheidet das Bundesverfassungsgericht Streitigkeiten zwischen den im Grundgesetz aufgeführten Verfassungsorganen Bundestag, Bundesrat, Bundesregierung und Bundespräsident sowie Streitigkeiten zwischen Bund und Ländern oder zwischen den Ländern.

## Weitere Maßnahmen der Gewaltenteilung

- Das Grundgesetz enthält ganz am Anfang einen langen Grundrechtskatalog, durch den die Rechte der Bürger sehr umfassend gegen Übergriffe durch die staatlichen Gewalten geschützt werden:
- Allgemeines Persönlichkeitsrecht (Art. 2 Abs. 1 GG)
- Recht auf Leben, körperliche Unversehrtheit und Freiheit der Person (Art. 2 Abs. 2 GG)
- Allgemeiner Gleichheitssatz (Art. 3 GG)
- Glaubens- und Gewissensfreiheit (Art. 4 Abs. 1 und 2 GG)
- Recht zur Kriegsdienstverweigerung (Art. 4 Abs. 3 GG)
- Meinungsfreiheit, Kunstfreiheit, Pressefreiheit, Wissenschaftsfreiheit (Art. 5 GG)
- Schutz von Ehe und Familie (Art. 6 GG)
- Religionsunterricht und Privatschulen (Art. 7 GG)
- Versammlungsfreiheit (Art. 8 GG)
- Vereinigungs- und Koalitionsfreiheit (Art. 9 GG)
- Brief-, Post- und Fernmeldegeheimnis (Art. 10 GG)
- Freizügigkeit (Art. 11 GG)
- Berufsfreiheit (Art. 12 Abs. 1 GG)
- Verbot von Zwangsarbeit (Art. 12 Abs. 2 und 3 GG)
- Recht zur Kriegsdienstverweigerung (Art. 12a Abs. 2 GG)

- Unverletzlichkeit der Wohnung (Art. 13 GG)
- Schutz von Eigentum und Erbrecht (Art. 14 Abs. 1 GG)
- Entschädigung bei Enteignung (Art. 14 Abs. 3 GG)
- Entschädigung bei Vergesellschaftung von Grund und Boden, Naturschätzen und Produktionsmitteln (Art. 15 GG)
- Schutz vor Ausbürgerung und Auslieferung (Art. 16 GG)
- Asylrecht für politisch Verfolgte (Art. 16a GG)
- Petitionsrecht (Art. 17 GG)
- Verwirkung von Grundrechten nur durch das Bundesverfassungsgericht (Art. 18 GG)
- Rechtsschutz gegen die öffentliche Gewalt (Art. 19 GG)

Zudem garantiert Art. 1 Abs. 1 GG zusammen mit dem Sozialstaatsprinzip (Art. 20 Abs. 1 GG) die „Gewährleistung eines menschenwürdigen Existenzminimums".[12] Gesetzlich abgesichert ist dieser Anspruch an unterschiedlichen Stellen im Sozialrecht, insbesondere in Gestalt des „Bürgergelds" (§§ 19 ff. SGB II) und der „Sozialhilfe" (SGB XII). In Deutschland muss daher niemand verhungern oder auf der Straße leben.

Die Stellung der Presse als „4. Gewalt" wird durch Art. 5 Abs. 1 Satz 2 GG gewährleistet. Danach ist die Pressefreiheit umfassend geschützt, und zwar „von der Beschaffung der Information bis zur Verbreitung der Nachricht und Meinung".[13] Im Einzelnen gehören dazu beispielsweise die Vertraulichkeit der Redaktionsarbeit, das Vertrauensverhältnis zwischen Informanten und Presse sowie ein unmittelbarer Informationsanspruch gegen

[12] Jarass und Kment 2022 (Art. 1 Rn. 16).

[13] BVerfG, 24. Januar 2001, 1 BvR 2623/95, 622/99, BVerfGE 103, 44.

Bundesbehörden (soweit keine schutzwürdigen Interessen entgegenstehen).[14]

## Was noch optimiert werden kann

Die Form der Gewaltenteilung, die sich im Grundgesetz materialisiert hat, ist natürlich nicht vollkommen. So haben die Bürger beispielsweise keine Möglichkeit, mit Hilfe von Volksabstimmungen auf Bundesebene neue Gesetze in Kraft zu setzen oder Verfassungsänderungen zu beschließen. Es gibt in Deutschland nach wie vor auch keine unabhängige Anti-Korruptionsbehörde.

Bedenklich ist zudem, dass nach dem Grundgesetz einige Rechtsbereiche, die für die Chancengleichheit der politischen Parteien von erheblicher Bedeutung sind, vom Bundestag mit einfacher Mehrheit geregelt werden können. Das betrifft vor allem das Bundeswahlgesetz (BWahlG) und das Parteiengesetz (PartG). Dadurch kann eine einfache Mehrheit der Abgeordneten im Bundestag Regelungen in Kraft setzen, die ihren Parteien einen unfairen Vorteil gegenüber den politischen Wettbewerbern verschaffen.

**5-Prozent-Hürde** (§ 4 Abs. 2 Satz 2 Nr. 2 BWahlG): Bei der Wahl zum ersten Bundestag hatten die Alliierten entschieden, dass es keine bundesweite 5-Prozent-Hürde geben soll (was CDU/CSU gerne beschlossen hätten), sondern nur eine landesweite. Um in den Bundestag einzuziehen, genügte es deshalb, dass eine Partei in einem Bundesland mindestens fünf Prozent der Stimmen erzielte (oder ein Direktmandat gewann). Das hatte zur Folge, dass im ersten Bundestag 1949 elf Parteien vertreten

[14] Jarass und Kment 2022 (Art. 4 Rn. 37, 41a).

waren. Am 18. Juli 1953 beschloss die CDU/CSU-geführte Bundesregierung unter Konrad Adenauer mit ihrer Mehrheit im Bundestag das „Zweite Gesetz zur Änderung des Gesetzes über die Wahl zum Deutschen Bundestag“.[15] Dadurch wurde zum einen das sogenannte personalisierte Verhältniswahlrecht eingeführt, das bis heute gilt. Zum anderen galt die 5-Prozent-Hürde nun bundesweit – ein schwerer Rückschlag für alle kleineren Parteien. Im Ergebnis waren nach der zweiten Bundestagswahl 1953 dann nur noch sieben Parteien im Bundestag vertreten. Und ab 1961 bestand der Bundestag dann für über 20 Jahre nur noch aus CDU/CSU, SPD und FDP – also den Parteien, die 1949 mit ihrer Mehrheit im Parlamentarischen Rat das Grundgesetz beschlossen hatten.

Ein weiteres Beispiel ist die **staatliche Parteienfinanzierung** (§§ 18 ff. PartG): Bis 1967 hatten die politischen Parteien keine direkten Gelder vom Staat bekommen. Mit dem Parteiengesetz vom 24. Juli 1967 sollte sich das ändern. Vorgesehen waren 2,50 DM pro Wähler, die unter den Parteien, die mindestens 2,5 % der gültigen Zweitstimmen bei der Bundestagswahl erhalten haben, anteilig verteilt werden.[16] Das Bundesverfassungsgericht senkte die Grenze dann zwar auf 0,5 % der gültigen Zweitstimmen.[17] Im Ergebnis führte das aber dazu, dass die vier großen, im Bundestag vertretenen Parteien CDU, CSU, SPD und FDP ab sofort in jeder Legislaturperiode einen Großteil der knapp 100 Mio. DM[18] (entspricht umgerechnet 12,8 Mio. € jährlich) erhielten. Seit 2024 liegt die absolute Obergrenze der Parteienfinanzierung

[15] Deutscher Bundestag 1953.

[16] BVerfG, 3. Dezember 1968, 2 BvE 1, 3, 5/67, BVerfGE 24, 300.

[17] BVerfG, 3. Dezember 1968, 2 BvE 1, 3, 5/67, BVerfGE 24, 300.

[18] BVerfG, 3. Dezember 1968, 2 BvE 1, 3, 5/67, BVerfGE 24, 300.

bei 219 Mio. € pro Jahr.[19] Das bedeutet eine Steigerung gegenüber 1967 um mehr als 1600 % (zum Vergleich: Der Kaufkraftverlust betrug im gleichen Zeitraum nur ca. 78 %).[20] Das Berechnungsverfahren hat sich zwar mittlerweile etwas geändert. Letztlich sind es aber immer noch die großen, im Bundestag vertretenen Parteien, die jedes Jahr den Löwenanteil erhalten – allen voran CDU/CSU mit ca. 70 Mio. € und die SPD mit ca. 58 Mio. €.[21]

In dieselbe Richtung geht auch die s**taatliche Finanzierung parteinaher Stiftungen**. Seit 1966 erhalten die parteinahen Stiftungen der damals im Bundestag vertretenen Parteien (CDU, CSU, SPD, FDP) staatliche Zuschüsse – zunächst 9 Mio. D-Mark, 2019 bereits 660 Mio. EUR jährlich, also mehr als das Dreifache der direkten Parteienfinanzierung.[22] Die Vergabe der Mittel erfolgte jahrzehntelang ohne klare gesetzliche Grundlage. Die etablierten Parteien hatten unter sich vereinbart, nur Stiftungen von Parteien zu fördern, die mindestens zwei Legislaturperioden im Bundestag vertreten waren – eine Bedingung, die sie selbst bequem erfüllten, die jedoch bewirkte, dass neu in den Bundestag eingezogene politische Konkurrenten wie Grüne (ab 1983) und PDS (ab 1990) zunächst noch mehrere Jahre erhebliche finanzielle Nachteile hatten. Konsequenterweise klagten beide Parteien dagegen vor dem Bundesverfassungsgericht, gaben sich dann aber mit der Vorgehensweise zufrieden, sobald die ihnen nahestehenden politischen Stiftungen ebenfalls von den Zuschüssen profitierten. Als die AfD 2021 zum zweiten Mal in den Bundestag einzog, forderte sie ebenfalls staatliche

[19] Deutscher Bundestag 2024.

[20] Erb 2025.

[21] Deutscher Bundestag 2025.

[22] BVerfG, 22. Februar 2023, 2 BvE 3/19, Rn. 13, 226.

Förderung für die ihr nahestehende Desiderius-Erasmus-Stiftung (DES). Nachdem ihr dies verweigert wurde, entschied das Bundesverfassungsgericht 2023, dass für die Vergabe der Mittel eine gesetzliche Grundlage nötig ist und der Gleichheitssatz beachtet werden muss[23] Daraufhin wurde Ende 2023 das Stiftungsfinanzierungsgesetz mit den Stimmen aller Parteien, deren Stiftungen bislang gefördert werden, verabschiedet. Wie schon 1966 wurden die Bedingungen für eine Förderung exakt so festgelegt, dass sie zwar von allen bisher bezuschussten Stiftungen erfüllt werden, nicht aber von der DES. Förderfähig ist nun nur noch, wer mindestens drei aufeinanderfolgende Legislaturperioden in Fraktionsstärke im Bundestag vertreten ist (was bei der AfD damals noch nicht der Fall war).

## Bewertung

Das Grundgesetz enthält alle wesentlichen Merkmale, die typischerweise mit dem Stichwort Gewaltenteilung assoziiert werden. Es gibt insbesondere auch einen umfassenden Grundrechtsschutz und ein starkes Bundesverfassungsgericht.

Klar ist aber auch, dass die Vertreter von CDU, CSU, SPD und FDP im Parlamentarischen Rat ein System geschaffen haben, das den politischen Parteien sehr viel Macht gibt: Die Bundestagsabgeordneten sind die einzigen direkt von den Bürgern abhängigen Amtsträger. Nach ihrer Wahl kann die Mehrheit der Bundestagsabgeordneten dann über die Besetzung aller weiteren wichtigen Staatsorgane bestimmen: Der Bundeskanzler wird vom Bundestag gewählt. Die Richter am Bundesverfassungsgericht werden zur Hälfte vom Bundestag gewählt. Und bei

[23] BVerfG, 22. Februar 2023, 2 BvE 3/19, Rn. 236 ff.

der Wahl des Bundespräsidenten haben die Mitglieder des Bundestags die Hälfte der Stimmen.

Die vier großen Parteien CDU, CSU, SPD und FDP haben mit Hilfe ihrer Mehrheit im Bundestag zudem einige Gesetz geschaffen, die ihnen faktisch einen erheblichen Vorteil gegenüber den kleineren und auch gegenüber neuen Parteien verschaffen, insbesondere durch die Fünf-Prozent-Hürde auf Bundesebene und das derzeit geltende System der staatlichen Parteienfinanzierung. Denn nach wie vor gilt die Regel: Je mehr Geld eine Partei zur Verfügung hat, desto mehr Werbung kann sie machen – und desto größer sind ihre Chancen, gewählt zu werden. Zwar können neue Parteien – wie Bündnis 90/Die Grünen oder die Linke - nachträglich ebenfalls von diesen Regelungen profitieren, wenn sie sich dauerhaft im Bundestag etablieren. Dennoch behalten die etablierten Parteien bis dahin über mehrere Jahre einen erheblichen finanziellen und strukturellen Vorsprung gegenüber neuen politischen Wettbewerbern. Im Hinblick auf die immer wieder mal schwächelnde FDP wurde sogar beschlossen, dass eine politische Stiftung, die bereits über mindestens zwei aufeinanderfolgende Legislaturperioden gefördert wurde, auch dann weiter gefördert wird, wenn die ihr nahestehende Partei für die Dauer einer Legislaturperiode nicht im Deutschen Bundestag vertreten ist.

## Fazit

- Das Grundgesetz enthält alle wesentlichen Merkmale, die typischerweise mit dem Stichwort Gewaltenteilung assoziiert werden.
- Die politischen Parteien haben nach dem rechtlich-politischen System des Grundgesetzes faktisch eine

erhebliche Macht – obwohl sie im Grundgesetz kaum erwähnt sind.

- Die Bundestagsabgeordneten sind die einzigen direkt von den Bürgern abhängigen Amtsträger.
- Die 5-Prozent-Hürde auf Bundesebene und das System der staatlichen Parteienfinanzierung verschafften den vier Parteien CDU/CSU, SPD und FDP, die im Parlamentarischen Rat das Grundgesetz beschlossen haben, faktisch einen erheblichen Vorteil gegenüber den kleineren und auch gegenüber allen neuen Parteien.

## Literatur

BMI. 2023. Liste der Beauftragten der Bundesregierung, der Bundesbeauftragten sowie der Koordinatoren/Koordinatorinnen der Bundesregierung nach § 21 Abs. 3 Gemeinsame Geschäftsordnung der Bundesministerien (GGO). Bundesministerium des Innern und für Heimat. https://www.bmi.bund.de/SharedDocs/downloads/DE/veroeffentlichungen/themen/ministerium/liste-beauftragte-bundesregierung.pdf;jsessionid=5790DA44F58D7F44F2CF11AAF0C34EB6.2_cid340?__blob=publicationFile&v=12. Zugegriffen: 3. Mai 2025.

Bonse, Eric. 2023. Impfschaden in Brüssel. Taz.de. https://taz.de/EU-Impfstoffdeal-mit-Pfizer/!5933318/. Zugegriffen: 3. Mai 2025.

bpb. 2022. Demokratie stärken – Zivilgesellschaft fördern. Bundeszentrale für politische Bildung. https://www.bpb.de/die-bpb/ueber-uns/auftrag/51743/demokratie-staerken-zivilgesellschaft-foerdern/. Zugegriffen: 3. Mai 2025.

Buchholz, Joschka und Zimmermann, Felix W. 2023. Paritätisches Wahlrecht „ohne Frage verfassungskonform“?. LTO. https://www.lto.de/recht/nachrichten/n/wahlrecht-paritaet-bayern-gruene-wahlen/. Zugegriffen: 3. Mai 2025.

Der Bürgerbeauftragte. 2023. Der Bürgerbeauftragte. https://www.buergerbeauftragte-bw.de/. Zugegriffen: 3. Mai 2025.

Deutscher Bundestag. 1953. Drucksache Nr. 4090. https://dserver.bundestag.de/btd/01/040/0104090.pdf. Zugegriffen: 3. Mai 2025.

Deutscher Bundestag. 2014. Richterwahlausschuss. Bundestag.de. https://www.bundestag.de/services/glossar/glossar/R/richterwahl_aussch-245530. Zugegriffen: 3. Mai 2025.

Deutscher Bundestag. 2024. Drucksache Nr. 20/11270. https://dserver.bundestag.de/btd/20/112/2011270.pdf. Zugegriffen: 3. Mai 2025.

Deutscher Bundestag. 2025. Festsetzung der staatlichen Mittel für dsa Jahr 2024. https://www.bundestag.de/resource/blob/1052246/eb6a558c862cd0de3073c55912f64566/finanz_24.pdf . Zugegriffen: 3. Mai 2025.

Erb, Patrick. 2025. Inflationsrechner. Finanzen-Rechner.net. https://www.finanzen-rechner.net/inflationsrechner.php. Zugegriffen: 3. Mai 2025.

Jarass, Hans D. und Kment, Martin. 2022. Grundgesetz für die Bundesrepublik Deutschland – Kommentar. München: Verlag C.H. Beck.

Kant, Immanuel. 1797. Die Metaphysik der Sitten. http://www.zeno.org/Philosophie/M/Kant,+Immanuel/Die+Metaphysik+der+Sitten/Erster+Teil.+Metaphysische+Anfangsgr%C3%BCnde+der+Rechtslehre/2.+Teil.+Das+%C3%B6ffentliche+Recht/1.+Abschnitt.+Das+Staatsrecht. Zugegriffen: 3. Mai 2025.

Niedersächsisches Ministerium für Ernährung, Landwirtschaft und Verbraucherschutz. 2019. Islamisches Opferfest – Schlachten ohne Betäubung (Schächten) nur mit Ausnahmegenehmigung erlaubt. https://www.ml.niedersachsen.de/startseite/themen/tiergesundheit_tierschutz/tierschutz_allgemein/islamisches-opferfest-4217.html. Zugegriffen: 3. Mai 2025.

Pinzler, Petra. 2016. Bitte sagen Sie jetzt nichts!. Zeit.de https://www.zeit.de/wirtschaft/2016-01/ttip-transparenz-abgeordnete-vertraege-redeverbot?utm_referrer=https%3A%2F%2Fwww.google.com%2F. Zugegriffen: 3. Mai 2025.

RSF. 2023. Rangliste der Pressefreiheit. Reporter ohne Grenzen. https://www.reporter-ohne-grenzen.de/rangliste/rangliste-2023. Zugegriffen: 3. Mai 2025.

Weiland, Severin. 2017. Der Fluch der schwarzen Kassen. Spiegel.de. https://www.spiegel.de/politik/deutschland/helmut-kohl-der-fluch-der-schwarzen-kassen-a-1152573.html. Zugegriffen: 3. Mai 2025.

# 4

# Die Legislative – Wie hat sich die (Macht-)Stellung von Bundestag und Bundesrat verändert?

**Inhaltsverzeichnis**



**Zusammenfassung**

Nach dem Wortlaut des Grundgesetzes hat sich die Stellung von Bundestag und Bundesrat, die zusammen die Legislative auf Bundesebene bilden, seit 1949 nicht wesentlich verändert. Dennoch ist faktisch eine erhebliche Machtverschiebung eingetreten, die vor allem zu Lasten des Bundestags geht. In diesem Kapitel untersuchen wir, welche Umstände dafür verantwortlich sind und wer davon profitieren kann.


J. Theurer, *75 Jahre Grundgesetz: Das fragile Gleichgewicht*,
https://doi.org/10.1007/978-3-658-49049-2_4

# Der Bundestag

Nach dem Wortlaut des Grundgesetzes hat sich die Stellung des Bundestags und der Bundestagsabgeordneten von 1949 bis heute nicht wesentlich verändert. Es gibt aber zwei Umstände, die zu einer deutlichen Machtverschiebung geführt haben. Zum einen wird aufgrund der Vorgaben und des Vorrangs von EU-Recht die Zahl der Rechtsgebiete, in denen der Bundestag Gesetze erlassen darf, immer kleiner. Zum anderen hat sich in der Praxis ein starker Fraktionszwang herausgebildet, der dem Idealbild des unabhängigen Abgeordneten, der nur seinem Gewissen verpflichtet und Vertreter des ganzen Volkes ist, widerspricht.

## Aufgaben und Kompetenzen

Die Abgeordneten des Bundestags werden alle vier Jahre unmittelbar von den wahlberechtigten deutschen Staatsbürgern gewählt. Der Bundestag ist somit das einzige unmittelbar demokratisch legitimierte Verfassungsorgan des Bundes. Die wichtigste Aufgabe des Bundestags ist es, Gesetze und Änderungen des Grundgesetzes zu beraten und zu beschließen (Art. 77 Abs. 1, 79 Abs. 1 und 2 GG).

Zudem ist der Bundestag dafür zuständig, die Bundesregierung und die Verwaltung zu kontrollieren. Obwohl es im Grundgesetz nicht ausdrücklich geregelt ist, hat der Bundestag dazu ein umfassendes Frage- und Informationsrecht gegenüber der Bundesregierung:

> „Aus Art. 38 Abs. 1 Satz 2 und Art. 20 Abs. 2 Satz 2 GG folgt ein Frage- und Informationsrecht des Deutschen Bundestages gegenüber der Bundesregierung, an dem die einzelnen Abgeordneten und die Fraktionen als

> Zusammenschlüsse von Abgeordneten nach Maßgabe der Ausgestaltung in der Geschäftsordnung des Deutschen Bundestages teilhaben und dem grundsätzlich eine Antwortpflicht der Bundesregierung korrespondiert … Aus dem Frage- und Interpellationsrecht des Parlaments folgt für die Mitglieder der Bundesregierung die verfassungsrechtliche Verpflichtung, auf Fragen Rede und Antwort zu stehen. Die Antworten der Bundesregierung auf schriftliche Anfragen und auf Fragen in der Fragestunde des Deutschen Bundestages sollen dazu dienen, dem Bundestag und den einzelnen Abgeordneten die für ihre Tätigkeit nötigen Informationen auf rasche und zuverlässige Weise zu verschaffen. Die Bundesregierung schafft so mit ihren Antworten auf parlamentarische Anfragen die Voraussetzungen für eine sachgerechte Arbeit innerhalb des Parlaments … Ohne Beteiligung am Wissen der Regierung kann das Parlament sein Kontrollrecht gegenüber der Regierung nicht ausüben. Daher kommt dem parlamentarischen Informationsinteresse besonders hohes Gewicht zu, soweit es um die Aufdeckung möglicher Rechtsverstöße und vergleichbarer Missstände innerhalb von Regierung und Verwaltung geht".[1]

Zudem kann der Bundestag die Anwesenheit jedes Mitglieds der Bundesregierung bei einer Sitzung verlangen (Art. 43 Abs. 1 GG) oder einen Untersuchungsausschuss einsetzen (Art. 44 GG). Im Rahmen eines Untersuchungsausschusses wird ein Sachverhalt daraufhin untersucht, ob Missstände oder Fehlverhalten durch die Bundesregierung oder andere Teile der Verwaltung vorliegen. Dazu können die Abgeordneten Beweise entsprechend den Vorschriften der Strafprozessordnung erheben. Zudem sind alle Gerichte und Verwaltungsbehörden zur Rechts- und

[1] BVerfG, 2. Juni 2015, 2 BvE 7/11, Rn. 103 f.

Amtshilfe verpflichtet (Art. 44 Abs. 2 und 3 GG). Seit 1949 wurden ca. 50 Untersuchungsausschüsse im Bundestag eingerichtet, zuletzt zu den Themen „staatliche Entscheidungsprozesse zur Anpassung der nationalen Energieversorgung an die durch den Angriffskrieg gegen die Ukraine veränderte Versorgungslage" (2024) und „Afghanistan Einsatz der Bundeswehr" (2022).

Weitere Aufgaben des Bundestags sind schließlich noch die Wahl des Bundeskanzlers (Art. 63 Abs. 1 GG) und die Mitwirkung bei der Wahl des Bundespräsidenten (Art. 54 Abs. 3 GG) und der Richter am Bundesverfassungsgericht (Art. 93 Abs. 2 Satz 2 GG).

Außer Gesetzen kann der Bundestag auch noch andere „Beschlüsse" fassen.

**Am 19. Januar 2023 beschloss der Bundestag, die Verbrechen des IS an den Jesiden als Völkermord anzuerkennen.**

Der Bundestag kann auch „Nichtparlamentariern" das Rederecht im Parlament erteilen. Zuletzt waren dies der ukrainische Präsident Wolodymyr Selenskyj (11. Juni 2024), das britische Staatsoberhaupt König Charles III. (30. März 2023) und der israelische Staatspräsident Jitzchak Herzog (6. September 2022).

## Umfang der Gesetzgebungskompetenz sinkt tendenziell

Die wichtigste Aufgabe des Bundestags ist es, Gesetze und Änderungen des Grundgesetzes zu beschließen. Dabei war der Bundestag aber noch nie völlig frei. Bei Inkrafttreten des Grundgesetzes war der Spielraum des deutschen Gesetzgebers zunächst durch die alliierten Besatzungsmächte erheblich eingeschränkt. Weitere Grenzen für den Bundestag ergaben sich aus dem Grundgesetz selbst. So durfte und darf der Bundestag bis heute nur in den Bereichen gesetzgeberisch tätig sein, für die er nach dem Grundgesetz ausdrücklich die sachliche Gesetzgebungskompetenz hat. Im Grundgesetz sind auch einige inhaltliche Grenzen enthalten (z. B. die „Ewigkeitsklausel" in Art. 79 Abs. 3 GG). Nachträglich hinzugekommen ist mittlerweile jedoch eine ganz erhebliche und inhaltlich immer weitergehende Beschränkung der gesetzgeberischen Freiheit des Bundestags durch das sich immer weiter ausbreitende Recht der Europäischen Union und aufgrund des Vorrangs des EU-Rechts.

### Grenze 1: Besatzungsstatut

Der gesetzgeberische Spielraum der Bundesrepublik Deutschland und damit auch des Bundestags war bei Inkrafttreten des Grundgesetzes durch das „Besatzungsstatut" vom 10. Mai 1949 (in Kraft getreten am 21. September 1949) erheblich eingeschränkt. In Nr. 2 des Besatzungsstatuts hatten die Militärgouverneure der drei westdeutschen Besatzungszonen ausdrücklich bestimmt:

> Um die Erreichung der Grundziele der Besatzung sicherzustellen, wird die Zuständigkeit für die folgenden Gebiete, einschließlich des Rechts, von den Besatzungsbehörden benötigte Auskünfte und statistische Angaben anzufordern und deren Richtigkeit zu prüfen, ausdrücklich vorbehalten:
>
> a) Die Entwaffnung und Entmilitarisierung einschließlich der damit in Beziehung stehenden Gebiete der wissenschaftlichen Forschung, Verbote und Beschränkungen der Industrie und die Zivilluftfahrt,
> b) die Kontrolle über die Ruhr, die Restitutionen, Reparationen, Dekartellisierung, Dezentralisation, Ausschluß von Diskriminierungen in Handelsangelegenheiten, die ausländischen Interessen in Deutschland und die Ansprüche gegen Deutschland,

c) auswärtige Angelegenheiten einschließlich der von Deutschland oder in seinem Namen getroffenen internationalen Abkommen,
d) verschleppte Personen und die Aufnahme von Flüchtlingen,
e) der Schutz, das Prestige und die Sicherheit der Alliierten Streitkräfte, Familienangehörigen, Angestellten und Vertreter, ihre Immunitäten und das Aufkommen für die Besatzungskosten und für ihre anderen Anforderungen,
f) die Beachtung des Grundgesetzes und der Länderverfassungen,
g) die Überwachung des Außenhandels und der Devisenwirtschaft,
h) die Überwachung innerer Maßnahmen, aber nur in dem Umfang, der erforderlich ist, um die Verwendung von Geldmitteln, Lebensmitteln und sonstigen Bedarfsgütern in der Weise sicherzustellen, daß Deutschlands Bedarf an ausländischer Unterstützung auf ein Mindestmaß herabgesetzt wird,
i) die Überwachung der Versorgung und Behandlung in deutschen Strafanstalten von Personen, die vor Gerichten oder Tribunalen der Besatzungsmächte oder Besatzungsbehörden angeklagt oder von ihnen verurteilt worden sind; die Überwachung der Vollstreckung von Strafurteilen gegen solche Personen und in Angelegenheiten ihrer Amnestierung, Begnadigung und Freilassung."

Zudem konnten die Besatzungsbehörden alle Gesetze und Abkommen zwischen dem Bund und ausländischen Regierungen nach Nr. 5 des Besatzungsstatuts ablehnen:

> Jede Änderung des Grundgesetzes bedarf vor ihrem Inkrafttreten der ausdrücklichen Genehmigung der Besatzungsbehörden. Länderverfassungen, Änderungen dieser Verfassungen, alle sonstige Gesetzgebung und alle

> Abkommen zwischen dem Bund und ausländischen Regierungen treten 21 Tage nach ihrem amtlichen Eingang bei den Besatzungsbehörden in Kraft, es sei denn, daß diese sie vorher vorläufig oder endgültig ablehnen. Die Besatzungsbehörden werden gesetzgeberische Maßnahmen nicht ablehnen, es sei denn, daß sie ihrer Ansicht nach mit dem Grundgesetz, mit einer Länderverfassung, mit der Gesetzgebung oder den sonstigen Direktiven der Besatzungsbehörden oder mit Bestimmungen dieses Statuts unvereinbar sind, oder daß diese Maßnahmen die Grundziele der Besatzung ernstlich gefährden.

Das Besatzungsstatut wurde in den folgenden Jahren immer wieder modifiziert. Im „Petersberger Abkommen“ vom 22. November 1949 erlaubten die Alliierten der Bundesrepublik Deutschland u. a. wieder in internationale Organisationen einzutreten und konsularische Beziehungen zu anderen Staaten aufzunehmen. Zugleich erklärte die Bundesregierung ihre „feste Entschlossenheit, die Entmilitarisierung des Bundesgebiets aufrecht zu erhalten und mit allen ihr zur Verfügung stehenden Mitteln die Neubildung irgendwelcher Streitkräfte zu verhindern.“

Am 6. März 1951 wurde das Besatzungsstatut erneut geändert. Die wichtigsten Regelungen waren, dass die Alliierte Hohe Kommission künftig nicht mehr die Bundes- und Ländergesetzgebung überwacht, die Devisenhoheit der Bundesrepublik Deutschland weitgehend akzeptiert und die Einrichtung eines Auswärtigen Amtes erlaubt.

In dem am 26. Mai 1952 geschlossenen „Deutschlandvertrag“ sollte das Besatzungsstatut abgelöst und die Alliierte Hohen Kommission aufgelöst werden. Die Bundesrepublik hätte dadurch eine weitgehende innere und äußere Souveränität erlangt, nur noch begrenzt durch die im Deutschlandvertrag ausdrücklich aufgeführten Fälle. Dazu gehörte zum Beispiel der in Art. 5 Abs. 2 und 3 geregelte Fall des von den „Drei Mächten“ erklärten Notstands:

Nach Erklärung des Notstandes können die Drei Mächte diejenigen Maßnahmen ergreifen, die erforderlich sind, um die Ordnung aufrechtzuerhalten oder wiederherzustellen und die Sicherheit der Streitkräfte zu gewährleisten.

Da die Ratifikation des Deutschlandvertrags am 30. August 1954 jedoch in der Französischen Nationalversammlung scheiterte, trat er nicht in Kraft. Die Regelungen des Deutschlandvertrags wurden daraufhin Teil der „Pariser Verträge" vom 23. Oktober 1954. Darin war u. a. auch geregelt (Art. 3 Abs. 1 und 2):

> (1) Die Bundesrepublik wird ihre Politik in Einklang mit den Prinzipien der Satzung der Vereinten Nationen und mit den im Statut des Europarates aufgestellten Zielen halten.
>
> (2) Die Bundesrepublik bekräftigt ihre Absicht, sich durch ihre Mitgliedschaft in internationalen Organisationen, die zur Erreichung der gemeinsamen Ziele der freien Welt beitragen, mit der Gemeinschaft der freien Nationen völlig zu verbinden. Die Drei Mächte werden zu gegebener Zeit Anträge der Bundesrepublik unterstützen, die Mitgliedschaft in solchen Organisationen zu erlangen.

Die Pariser Verträge traten am 5. Mai 1955 in Kraft. Damit erlosch das Besatzungsstatut endgültig und die Alliierte Hohe Kommission wurde aufgelöst. Einen Tag später trat die Bundesrepublik Deutschland der NATO und der WEU bei. Aus den bisherigen Besatzungsmächten wurden Schutzmächte und Verbündete.

Ihre endgültige Souveränität erlangte die Bundesrepublik Deutschland dann nach der Wiedervereinigung durch den am 15. März 1991 in Kraft getretenen „Zwei-Plus-Vier-Vertrag":

Art. 7
(1) Die Französische Republik, die Union der Sozialistischen Sowjetrepubliken, das Vereinigte Königreich Großbritannien und Nordirland und die Vereinigten Staaten von Amerika beenden hiermit ihre Rechte und Verantwortlichkeiten in bezug auf Berlin und Deutschland als Ganzes. Als Ergebnis werden die entsprechenden, damit zusammenhängenden vierseitigen Vereinbarungen, Beschlüsse und Praktiken beendet und alle entsprechenden Einrichtungen der Vier Mächte aufgelöst.

(2) Das vereinte Deutschland hat demgemäß volle Souveränität über seine inneren und äußeren Angelegenheiten.

Seit dem 15. März 1991 sind dem Bundestag als Gesetzgeber damit keine Grenzen mehr durch das Besatzungsstatut oder andere Vorgaben der Alliierten gesetzt. Diese bei Inkrafttreten des Grundgesetzes 1949 bestehende Grenze ist daher mittlerweile vollständig entfallen.

Auch wenn sogenannte „Reichsbürger" und ähnliche Gruppierungen weiterhin behaupten, die Bundesrepublik Deutschland sei kein souveräner Staat, sondern lediglich eine „Firma" oder eine Verwaltungseinheit unter alliierter Kontrolle, entbehrt dies jeder rechtlichen Grundlage. Zu diesem Komplex gehört auch der sogenannte „Kanzlerakte"-Mythos, wonach deutsche Bundeskanzler bei Amtsantritt ein geheimes Dokument unterzeichnen müssten, das ihre politische Unterordnung gegenüber den Alliierten festschreibt. Tatsächlich berichtete Egon Bahr, enger Vertrauter von Willy Brandt, dass Brandt 1969 drei Briefe an die Botschafter der Westmächte unterschreiben sollte, die die noch bestehenden Vorbehaltsrechte bestätigten – eine Praxis, die bereits seine Vorgänger akzeptiert hatten. Brandt empfand dies als anachronistisch, beugte sich jedoch den damaligen Gepflogenheiten. Öffentliche Belege für eine verbindliche „Kanzlerakte" gibt es nicht, insbesondere auch nicht für die Zeit nach der Wiedervereinigung. Mit dem Inkrafttreten des Zwei-plus-Vier-Vertrags 1991 sind sämtliche alliierten Vorrechte erloschen; seither ist Deutschland völkerrechtlich vollständig souverän.

## Grenze 2: Sachliche Zuständigkeit des Bundes

Im Grundgesetz ist die sachliche Gesetzgebungskompetenz zwischen Bund und Ländern aufgeteilt. Dabei gilt der Grundsatz, dass der Bund nur für die Bereiche zuständig ist, die ihm im Grundgesetz ausdrücklich zugewiesen sind. So heißt es in Art. 70 GG:

(1) Die Länder haben das Recht der Gesetzgebung, soweit dieses Grundgesetz nicht dem Bunde Gesetzgebungsbefugnisse verleiht.
(2) Die Abgrenzung der Zuständigkeit zwischen Bund und Ländern bemißt sich nach den Vorschriften dieses Grundgesetzes über die ausschließliche und die konkurrierende Gesetzgebung.

Im Grundgesetz wird des Weiteren zwischen ausschließlicher und konkurrierender Gesetzgebungskompetenz des Bundes unterschieden:

Die in Art. 73 GG geregelte ausschließliche Gesetzgebung umfasst Gebiete, in denen nur der Bund Gesetze erlassen darf (z. B. die auswärtigen Angelegenheiten, die Staatsangehörigkeit im Bund, das Währungs-, Geld- und Münzwesen). 1949 wurden diese Gebiete in elf Nummern erfasst. Mittlerweile umfasst die Liste 17 Punkte. Bei der konkurrierenden Gesetzgebung, geregelt in Art. 74 GG, darf der Bund Gesetze nur unter bestimmten Voraussetzungen erlassen (z. B. Strafrecht, Vereins- und Versammlungsrecht, Aufenthaltsrecht). 1949 wurden diese Gebiete in 23 Nummern erfasst. Mittlerweile sind elf weitere Gebiete hinzugekommen. Im Ergebnis wurde die sachliche Gesetzgebungskompetenz des Bundes gegenüber den Ländern insgesamt gestärkt. Der Bund ist praktisch für alle wirklich wichtigen Rechtsbereiche zuständig, insbesondere auch für die nach 1949 neu hinzugekommenen.

## Grenze 3: Inhaltliche Grenzen im Grundgesetz

Der Bundestag ist beim Erlass von Gesetzen an die übrigen Vorschriften im Grundgesetz gebunden. Dazu gehören zum Beispiel von Anfang an folgende Begrenzungen:

*Der Schutz der Menschenwürde (Art. 1 Abs. 1 GG)*

> Die Würde des Menschen ist unantastbar. Sie zu achten und zu schützen ist Verpflichtung aller staatlichen Gewalt.

Daraus folgt zum Beispiel, dass der Gesetzgeber Regelungen schaffen muss, die ein „menschenwürdiges Existenzminimum" gewährleisten:

> „Das Grundgesetz garantiert mit Art. 1 Abs. 1 in Verbindung mit Art. 20 Abs. 1 GG ein Grundrecht auf Gewährleistung eines menschenwürdigen Existenzminimums. Art. 1 Abs. 1 GG begründet diesen Anspruch; das Sozialstaatsgebot des Art. 20 Abs. 1 GG erteilt dem Gesetzgeber den Auftrag, ein menschenwürdiges Existenzminimum tatsächlich zu sichern. Das Grundrecht ist dem Grunde nach unverfügbar und muss durch einen Leistungsanspruch eingelöst werden, bedarf aber der Konkretisierung und stetigen Aktualisierung durch den Gesetzgeber, der die zu erbringenden Leistungen an dem jeweiligen Entwicklungsstand des Gemeinwesens und den bestehenden Lebensbedingungen im Hinblick auf die konkreten Bedarfe der Betroffenen auszurichten hat. Dem Gesetzgeber steht ein Gestaltungsspielraum zu ... Dabei ist er auch durch völkerrechtliche Verpflichtungen gebunden."[2]

[2] BVerfG, 23.07.2014, 1 BvL 10/12, Rn. 74.

*Die Beachtung der Grundrechte (Art. 1 Abs. 3 GG)*

> Die nachfolgenden Grundrechte binden Gesetzgebung, vollziehende Gewalt und Rechtsprechung als unmittelbar geltendes Recht.

*Der Vorrang des Völkerrechts (Art. 25 GG)*

Die allgemeinen Regeln des Völkerrechtes sind Bestandteil des Bundesrechts. Sie gehen den Gesetzen vor und erzeugen Rechte und Pflichten unmittelbar für die Bewohner des Bundesgebiets. Zu den allgemeinen Regeln des Völkerrechts gehören zum Beispiel das sogenannte Völkergewohnheitsrecht und das zwingende Völkerrecht (ius cogens).[3] Der Bundestag darf deshalb keine Gesetze erlassen, die gegen das Gewaltverbot oder gegen grundlegende Menschenrechte verstoßen.[4]

*Die „Ewigkeitsklausel" (Art. 79 Abs. 3 GG)*

> Eine Änderung dieses Grundgesetzes, durch welche die Gliederung des Bundes in Länder, die grundsätzliche Mitwirkung der Länder bei der Gesetzgebung oder die in den Artikeln 1 und 20 niedergelegten Grundsätze berührt werden, ist unzulässig.

Zu den in Artikeln 1 und 20 niedergelegten Grundsätzen gehören insbesondere „der Grundsatz der Rechtsgleichheit und das Willkürverbot … sowie ein Mindestbestand an Grundrechten in den Bereichen personaler Autonomie,

[3] Jarass und Kment 2022 (Art. 25 Rn. 8).
[4] Jarass und Kment 2022 (Art. 25 Rn. 8).

demokratischer Willensbildung und justizstaatlicher Garantien."[5] Nicht erfasst sind zum Beispiel das Grundrecht auf Asyl[6] und alle richterrechtlichen Fortentwicklungen des allgemeinen Persönlichkeitsrechts.[7]

Alle diese bereits 1949 im Grundgesetz enthaltenen inhaltlichen Grenzen haben sich bis heute vom Wortlaut her nicht verändert. Neu hinzugekommen ist 2011 jedoch

*Die „Schuldenbremse" (Art. 109 Abs. 3 GG)*

> Die Haushalte von Bund und Ländern sind grundsätzlich ohne Einnahmen aus Krediten auszugleichen. Bund und Länder können Regelungen zur im Auf- und Abschwung symmetrischen Berücksichtigung der Auswirkungen einer von der Normallage abweichenden konjunkturellen Entwicklung sowie eine Ausnahmeregelung für Naturkatastrophen oder außergewöhnliche Notsituationen, die sich der Kontrolle des Staates entziehen und die staatliche Finanzlage erheblich beeinträchtigen, vorsehen. Für die Ausnahmeregelung ist eine entsprechende Tilgungsregelung vorzusehen. Die nähere Ausgestaltung regelt für den Haushalt des Bundes Artikel 115 mit der Maßgabe, dass Satz 1 entsprochen ist, wenn die Einnahmen aus Krediten 0,35 vom Hundert im Verhältnis zum nominalen Bruttoinlandsprodukt nicht überschreiten. Von den zu berücksichtigenden Einnahmen aus Krediten ist der Betrag abzuziehen, um den die Verteidigungsausgaben, die Ausgaben des Bundes für den Zivil- und Bevölkerungsschutz sowie für die Nachrichtendienste, für den Schutz der

[5] Jarass und Kment 2022 (Art. 79 Rn. 15).
[6] BVerfG, 14.05.1996, 2 BvR 1938/93, Rn. 201 f.
[7] Jarass und Kment 2022 (Art. 79 Rn. 15).

> informationstechnischen Systeme und für die Hilfe für völkerrechtswidrig angegriffene Staaten 1 vom Hundert im Verhältnis zum nominalen Bruttoinlandsprodukt übersteigen. Die Gesamtheit der Länder entspricht Satz 1, wenn die durch sie erzielten Einnahmen aus Krediten 0,35 vom Hundert im Verhältnis zum nominalen Bruttoinlandsprodukt nicht überschreiten. Die Aufteilung der für die Gesamtheit der Länder zulässigen Kreditaufnahme nach Satz 6 auf die einzelnen Länder regelt ein Bundesgesetz mit Zustimmung des Bundesrates. Die nähere Ausgestaltung für die Haushalte der Länder regeln diese im Rahmen ihrer verfassungsrechtlichen Kompetenzen. Bestehende landesrechtliche Regelungen, die hinter der gemäß Satz 7 festgelegten Kreditobergrenze zurückbleiben, treten außer Kraft.

Kurz gefasst bedeutet dies, dass das Budgetrecht des Bundestags wie folgt eingeschränkt ist:

1. Bund und Länder müssen ihre Haushalte grundsätzlich ohne neue Kredite ausgleichen, dürfen aber jedes Jahr maximal 0,35 % des nominalen BIP als strukturelle Schulden aufnehmen
2. Verteidigungsausgaben des Bundes, die über 1 % des nominalen Bruttoinlandsprodukts (BIP) hinausgehen, sind von der Schuldenbremse ausgenommen.
3. Bei Konjunkturaufschwüngen müssen sind Schulden wieder abgebaut werden.

## Neu: Grenze 4: Begrenzung der Gesetzgebungsbefugnisse durch die EU

Im Grundgesetz war von Anfang an in Art. 24 Abs. 1 vorgesehen, dass der Bund durch Gesetz „Hoheitsrechte" auf

„zwischenstaatliche Einrichtungen" übertragen kann. Das geschah zum Beispiel durch den Beitritt der Bundesrepublik zur WEU und zur NATO 1955. Während solche Übertragungen von Hoheitsrechten in den ersten Jahren zunächst recht überschaubar waren, sind sie seit der Gründung der Europäischen Gemeinschaften (EG) und der Europäischen Union (EU) geradezu explodiert. Die Gesetzgebungsbefugnis des Bundestags wird seitdem einerseits dadurch beschränkt, dass die Europäische Union in bestimmten Bereichen die ausschließliche oder konkurrierende (geteilte) Gesetzgebungskompetenz hat. Andererseits gilt mittlerweile der sogenannte Vorrang von EU-Recht. Das bedeutet: Der Bundestag darf keine Gesetze erlassen, die Regelungen und Vorschriften der EU widersprechen, zuwiderlaufen oder deren Geltung oder Anwendung beeinträchtigen.

Selbst wenn dem Bund nach dem Grundgesetz die ausschließliche oder konkurrierende Gesetzgebungskompetenz zusteht, darf der Bundestag trotzdem nicht mehr tätig werden, wenn die Zuständigkeit inzwischen auf die EU übergegangen ist:

In Bereichen, in denen die EU die ausschließliche Gesetzgebungskompetenz hat, darf der Bundestag grundsätzlich gar nicht mehr gesetzgeberisch tätig werden. Das betrifft nach Art. 3 Abs. 1 und 2 des Vertrags über die Arbeitsweise der Europäischen Union (AEUV) folgende Themen:

- Zollunion (Art. 30 ff. AEUV)
- Festlegung der für das Funktionieren des Binnenmarkts erforderlichen Wettbewerbsregeln (Art. 101 ff. AEUV)
- Währungspolitik für die Mitgliedstaaten, deren Währung der Euro ist (Art. 127 ff. AEUV)
- Erhaltung der biologischen Meeresschätze im Rahmen der gemeinsamen Fischereipolitik (Art. 38 Abs. 1 AEUV)

- gemeinsame Handelspolitik (Art. 206 f. AEUV)
- Abschluss internationaler Übereinkünfte, wenn der Abschluss einer solchen Übereinkunft in einem Gesetzgebungsakt der Union vorgesehen ist, wenn er notwendig ist, damit sie ihre interne Zuständigkeit ausüben kann, oder soweit er gemeinsame Regeln beeinträchtigen oder deren Tragweite verändern könnte

In Bereichen, in denen zwischen der EU und den Mitgliedstaaten eine konkurrierende Gesetzgebungskompetenz besteht, darf der Bundestag nur noch dann gesetzgeberisch tätig werden, wenn die EU keine Regelungen erlassen hat, die den Bereich abschließend regeln.[8] Das betrifft nach Art. 4 Abs. 2 AEUV folgende Themen:

- Binnenmarkt
- Sozialpolitik hinsichtlich der in diesem Vertrag genannten Aspekte
- wirtschaftlicher, sozialer und territorialer Zusammenhalt
- Landwirtschaft und Fischerei, ausgenommen die Erhaltung der biologischen Meeresschätze
- Umwelt
- Verbraucherschutz
- Verkehr
- transeuropäische Netze
- Energie
- Raum der Freiheit, der Sicherheit und des Rechts
- gemeinsame Sicherheitsanliegen im Bereich der öffentlichen Gesundheit hinsichtlich der in diesem Vertrag genannten Aspekte

[8] Streinz 2023 (Rn. 163).

Zudem gilt der Grundsatz des „Vorrang von EU-Recht". Das bedeutet: Der Bundestag darf keine Gesetze erlassen, die Regelungen und Vorschriften der EU widersprechen, zuwiderlaufen oder deren Geltung oder Anwendung beeinträchtigen. Die wichtigsten Fälle sind insoweit die von der EU erlassenen Verordnungen und Richtlinien:

Eine „Verordnung" hat allgemeine Geltung, ist in allen ihren Teilen verbindlich und gilt unmittelbar in jedem Mitgliedstaat (Art. 288 Abs. 2 AUEV). Bekannte Beispiel sind die „Verordnung (EU) 2016/679 des Europäischen Parlaments und des Rates vom 27. April 2016 zum Schutz natürlicher Personen bei der Verarbeitung personenbezogener Daten, zum freien Datenverkehr und zur Aufhebung der Richtlinie 95/46/EG" (in Deutschland besser bekannt als „Datenschutz-Grundverordnung" – DSGVO) und die viel zitierte „Verordnung (EWG) Nr. 1677/88 der Kommission vom 15. Juni 1988 zur Festsetzung von Qualitätsnormen für Gurken" (die allerdings nur bis zum 30. Juni 2009 gültig war).

Ein Mitgliedstaat darf nichts tun, was die unmittelbare Geltung einer Verordnung infrage stellen oder auch nur den Anschein erwecken könnte, zum Beispiel, indem er ein Gesetz erlässt, das den Inhalt der Verordnung wiederholt.[9] Oder wie es der EuGH ausdrückt:

> *„DESHALB DARF EIN MITGLIEDSTAAT NICHT EINE LAGE SCHAFFEN, IN DER DIE UNMITTELBARE GELTUNG DER GEMEINSCHAFTSVERORDNUNGEN AUFS SPIEL GESETZT WÜRDE."*[10]

[9] Streinz 2023 (Rn. 483).

[10] EuGH, 28. März 1985, Rs. 272/83, Rn. 26.

Eine „Richtlinie“ ist für jeden Mitgliedstaat, an den sie gerichtet wird, hinsichtlich des zu erreichenden Ziels verbindlich, überlässt jedoch den innerstaatlichen Stellen die Wahl der Form und der Mittel (Art. 288 Abs. 3 AEUV). Bekannte Beispiele sind die „Richtlinie 2005/36/EG des Europäischen Parlaments und des Rates vom 7. September 2005 über die Anerkennung von Berufsqualifikationen“ und die „Richtlinie 2000/84/EG des Europäischen Parlaments und des Rates vom 19. Januar 2001 zur Regelung der Sommerzeit“.

Grundsätzlich muss eine Richtlinie innerhalb der festgelegten Frist so umgesetzt werden, dass sich die Betroffenen vor Gericht auf die nationale Regelung berufen können.[11] Der Bundestag kann daher verpflichtet sein, ein entsprechendes Gesetz zu beschließen.

Die Organe der EU erlassen jährlich viele Verordnungen und Richtlinien (2024: 114 Verordnungen und 24 Richtlinien als „Basisrechtsakte“ und 135 Verordnungen und 27 Richtlinien als „Änderungsrechtsakte“[12]). Mittlerweile gibt es deshalb tausende von EU-Verordnungen und Richtlinien. Ein wesentlicher Teil der vom Bundestag verabschiedeten Gesetze dient mittlerweile ausschließlich der Umsetzung dieser EU-Gesetze. Wie hoch der Anteil tatsächlich ist, lässt sich nur schwer beziffern. Die Bundestagsverwaltung errechnete 2009 einen Anteil von 31,5 %[13] und die Bundesregierung kam 2016 auf 36 %.[14]

Berücksichtigt man zusätzlich die von der EU erlassenen Verordnungen, die ja unmittelbar in Deutschland gelten und nicht durch ein zusätzliches deutsches Gesetz in

[11] Streinz 2023 (Rn. 495).

[12] European Union 2025.

[13] Kafsack 2009.

[14] Die Bundesregierung 2016.

Kraft gesetzt werden müssen, ergibt sich aber ein Anteil des EU-Rechts von über 80 % an den in Deutschland seit 1998 neu in Kraft getretenen Gesetzen:

> Im Zeitraum vom 1. Januar 1998 bis zum 31. Dezember 2008 hat die EU insgesamt über 25.000 Verordnungen erlassen. Der Bundestag und das Berliner Abgeordnetenhaus kommen im selben Zeitraum zusammen nicht einmal auf 6500 Gesetze und Rechtsverordnungen. Stellt man die Zahlen gegenüber, so entsprechen 80 % aller in dieser Zeit erlassenen, und in der BRD geltenden Rechtsakte EU-Verordnungen. Etwa 13 % der Rechtsakte wurden vom Bund und sieben Prozent von den Ländern erlassen. Wenn nun auch noch etwa 36 % der Bundesgesetze … auf EU-Impulse zurückgehen, stammen zum Schluss sogar mehr als 80 % der in der BRD geltenden Gesetze direkt oder indirekt aus Brüssel.[15]

Für die Menschen in Deutschland erschließt sich das auf den ersten Blick aber nicht. Denn in den deutschen Gesetzen steht nicht ausdrücklich, dass diese auf EU-Recht zurückgehen. Zudem geht die Tendenz weiterhin klar in Richtung EU. Der EuGH und die Organe der EU legen ihre Befugnisse tendenziell eher weiter aus, sodass nach und nach immer mehr EU-Regelungen erlassen werden.

### Bewertung

Die Gesetzgebungskompetenzen des Bundestags haben sich seit 1949 erheblich verändert. Einerseits wurde der Bundestag durch den Wegfall des Besatzungsstatuts 1955 und die Erlangung der vollen Souveränität 1991 gestärkt.

---

[15] Löhle 2010.

Zudem hat der Bund heute in erheblich mehr Bereichen die ausschließliche oder konkurrierende Gesetzgebungsbefugnis als 1949. Dagegen stehen allerdings die massiven Einschränkungen der Gesetzgebungskompetenz des Bundestags, die sich durch den Vorrang des EU-Rechts und die Übertragung von Gesetzgebungskompetenzen auf die EU ergeben haben.

Dafür ist der Bundestag letztlich aber selbst verantwortlich. Denn der Bundestag hat die Übertragung der Hoheitsrechte auf die EU selbst beschlossen, indem die Abgeordneten mehrheitlich die jeweiligen Zustimmungsgesetze beschlossen haben, mit denen die im Vertrag von Maastricht, im Vertrag von Amsterdam, im Vertrag von Nizza und im Vertrag von Lissabon enthaltenen Regelungen umgesetzt wurden.

Es ist auch nicht absehbar, wie viele Gesetzgebungskompetenzen in Zukunft noch auf die EU übergehen werden. Das Bundesverfassungsgericht hat zwar postuliert, dass dem Bundestag ein „ausreichender Raum zur politischen Gestaltung der wirtschaftlichen, kulturellen und sozialen Lebensverhältnisse" bleiben muss:

> Die europäische Vereinigung auf der Grundlage einer Vertragsunion souveräner Staaten darf allerdings nicht so verwirklicht werden, dass in den Mitgliedstaaten kein ausreichender Raum zur politischen Gestaltung der wirtschaftlichen, kulturellen und sozialen Lebensverhältnisse mehr bleibt. Dies gilt insbesondere für Sachbereiche, die die Lebensumstände der Bürger, vor allem ihren von den Grundrechten geschützten privaten Raum der Eigenverantwortung und der persönlichen und sozialen Sicherheit prägen, sowie für solche politischen Entscheidungen, die in besonderer Weise auf kulturelle, historische und sprachliche Vorverständnisse angewiesen sind, und die sich im parteipolitisch und parlamentarisch organisierten Raum einer politischen Öffentlichkeit diskursiv entfalten. Zu wesentlichen

> Bereichen demokratischer Gestaltung gehören unter anderem die Staatsbürgerschaft, das zivile und militärische Gewaltmonopol, Einnahmen und Ausgaben einschließlich der Kreditaufnahme sowie die für die Grundrechtsverwirklichung maßgeblichen Eingriffstatbestände, vor allem bei intensiven Grundrechtseingriffen wie dem Freiheitsentzug in der Strafrechtspflege oder bei Unterbringungsmaßnahmen. Zu diesen bedeutsamen Sachbereichen gehören auch kulturelle Fragen wie die Verfügung über die Sprache, die Gestaltung der Familien- und Bildungsverhältnisse, die Ordnung der Meinungs-, Presse- und Versammlungsfreiheit oder der Umgang mit dem religiösen oder weltanschaulichen Bekenntnis.[16]

Wie wir in Kap. 6 sehen werden, hat das Bundesverfassungsgericht bislang jedoch jede seiner roten Linien gegenüber der EU und dem EuGH geräumt.

## Die Abgeordneten sind tendenziell abhängiger

Die direkt vom Volk gewählten Abgeordneten des Deutschen Bundestages sind nach Art. 38 Abs. 1 Satz 2 GG

> Vertreter des ganzen Volkes, an Aufträge und Weisungen nicht gebunden und nur ihrem Gewissen unterworfen.

Das Grundgesetz weist den Abgeordneten damit eine herausragende Funktion und Stellung zu. Mittlerweile hat sich in der Praxis jedoch ein starker Fraktionszwang herausgebildet, der dem Ideal des nur seinem Gewissen

---

[16] BVerfG, 30. Juni 2009, 2 BvE 2, 5/08, Rn. 249.

verpflichteten Volksvertreters widerspricht. Dadurch wird die Machtstellung des Bundestags insgesamt geschwächt.

## Aufgaben und Befugnisse

Die Abgeordneten des Bundestags wirken bei der Gesetzgebung bzw. Beschlussfassung des Bundestags mit, genießen „Immunität“ (Art. 46 Abs. 1 GG), können sich auf ein Zeugnisverweigerungsrecht berufen (Art. 47 GG) und haben das Recht zur freien Benutzung aller staatlichen Verkehrsmittel (Art. 48 Abs. 3 Satz 2 GG).

Wie sie ihr Mandat konkret „leben“, steht jedem Abgeordneten frei. Es gibt insoweit keine gesetzlichen Vorgaben und Verpflichtungen. Das Bundesverfassungsgericht hegt zwar die Erwartung, dass sich die Abgeordneten rege und engagiert einbringen:

> Die Mitwirkung des einzelnen Abgeordneten zumindest bei der Vorbereitung parlamentarischer Entscheidungen liegt im Interesse seiner Fraktion wie auch der Partei, der er angehört. Von seinem Engagement im parlamentarischen Bereich hängen das politische Ansehen und die politischen Wirkungsmöglichkeiten beider Institutionen maßgeblich ab. Sie werden daher bestrebt sein, den Abgeordneten nachdrücklich zu solcher Mitwirkung anzuhalten, und ihm, falls er es an der gebotenen Einsatzbereitschaft fehlen läßt, notfalls ihre politische Unterstützung entziehen. Damit entspricht eine möglichst intensive Beteiligung an der parlamentarischen Arbeit zugleich dem Interesse des einzelnen Abgeordneten. Für das politische Schicksal des Abgeordneten ist der Grad seiner Informiertheit von entscheidender Bedeutung. Nur wenn er über die parlamentarischen Vorhaben so umfassend wie möglich unterrichtet ist und sich deshalb auf sie einstellen kann, vermag er seine politischen Wirkungsmöglichkeiten voll auszuschöpfen.

> Dies wird ihn im Regelfall veranlassen, sich mit jenen Vorhaben zu befassen, sich eine Meinung zu bilden und sich mit den Ansichten anderer Abgeordneter auseinanderzusetzen, kurz, an der Vorbereitung der zu treffenden parlamentarischen Entscheidung mitzuwirken. Dieses Gefüge von Regelungen und faktischen Zwängen, in das § 49 GO eingebettet ist, erweist sich damit als geeignet, im Rahmen des Möglichen und Vertretbaren die Mitwirkung aller Abgeordneten bei parlamentarischen Entscheidungen sicherzustellen.[17]

In § 44a Abs. 1 Satz 1 Abgeordnetengesetz (AbgG) heißt es mittlerweile zwar ausdrücklich:

> Die Ausübung des Mandats steht im Mittelpunkt der Tätigkeit eines Mitglieds des Bundestages.

Und nach § 13 Abs. 2 Geschäftsordnung des Bundestags sind die Abgeordneten

> Verpflichtet, an den Arbeiten des Bundestages teilzunehmen. An jedem Sitzungstag wird eine Anwesenheitsliste ausgelegt, in die sich die Mitglieder des Bundestages einzutragen haben. Die Folgen der Nichteintragung und der Nichtbeteiligung an einer namentlichen Abstimmung ergeben sich aus dem Gesetz über die Rechtsverhältnisse der Mitglieder des Deutschen Bundestages (Abgeordnetengesetz).

Doch eine echte rechtliche Verpflichtung ergibt sich daraus nicht. Wer sich an einem Sitzungstag nicht in die Anwesenheitsliste „einträgt“ (nicht: im Plenum anwesend

[17] BVerfG, 10. Mai 1977, 2 BvR 705/75, BVerfGE 44, 308.

ist), dessen monatliche Kostenpauschale wird lediglich um 100 bzw. 200 € gekürzt (§ 14 Abs. 1 AbgG).

Allerdings dürften die meisten Abgeordneten doch sehr viel Zeit in ihre Tätigkeit stecken, wie ein „exemplarischer Wochenkalender“ zeigt.[18]

## Abgeordnetenentschädigung und sozialer Status

1949 konnte nur derjenige in den Bundestag gewählt werden, der das 25. Lebensjahr vollendet hatte. Mittlerweile beträgt die Altersgrenze auf 18 Jahre. Auch der Frauenanteil hat sich seither massiv erhöht. 1949 waren 28 der 410 Abgeordneten Frauen (= 6,8 %), 2025 sind es 204 der 630 Abgeordneten (= 32,4 %).

Bundestagsabgeordnete haben nach Art. 48 Abs. 3 Satz 1 GG Anspruch auf eine angemessene, ihre Unabhängigkeit sichernde Entschädigung. Diese „Entschädigung“ ist seit 1949 stark gestiegen:

1949 erhielten die Abgeordneten des Bundestags monatlich folgende Summen:

- Steuerfreie Diät: 600 DM
- Tagegeld: 450 DM
- Auslagenpauschale: 300 DM
- Reisekostenersatz: 600 DM

Aktuell erhält jeder Abgeordnete monatlich[19] :

- Abgeordnetenentschädigung: 11.227,20 €
- Reisekosten:

[18] Bpb 2009.

[19] Deutscher Bundestag 2025a.

  - BahnCard 100 – 1. Klasse
  - Erstattung anderer Bahntickets auf Nachweis
  - Erstattung der Kosten für Flüge auf Nachweis

- Steuerfreie Kostenpauschale: 5.349,58 €
- Zuschuss zur Krankenversicherung (50 % der Beiträge)
- Bereitstellung eines eingerichteten Büros am Sitz des Bundestags in Berlin inklusive Telefon, Internet, E-Mail usw.
- zusätzlich für Büroausstattung: bis zu 12.000,00 € jährlich
- Für Mitarbeiter: ein Budget von bis zu 25.874,00 €

Hinzu kommt ein „Übergangsgeld" nach dem Ausscheiden aus dem Bundestag in Höhe der jeweils aktuellen Abgeordnetenentschädigung (Dauer: ein Monat pro Jahr der Mandatsausübung, maximal 18 Monate). Zudem gibt es eine „Altersentschädigung" in Höhe von 2,5 % der Abgeordnetenentschädigung für jedes Jahr der Mitgliedschaft (maximal 65 %, Eintrittsalter wie in der gesetzlichen Rentenversicherung, § 11 AbgG).

Die Tätigkeit als Bundestagsabgeordneter ist mittlerweile lohntechnisch mit einem gut bezahlten Spitzenamt in Justiz oder Verwaltung vergleichbar. So hat ein Bundesbeamter in Besoldungsstufe B5 ein Grundgehalt von 10.776,64 €.[20] Und ein Richter am Bundesgerichtshof, dem Bundesverwaltungsgericht, Bundesarbeitsgericht, Bundesfinanzhof oder Bundessozialgericht in Besoldungsstufe R5 erhält ebenfalls ein monatliches Grundgehalt in Höhe von 10.776,64 €.[21] Wesentlicher Unterschied: Die Spitzenpositionen in Justiz und Verwaltung werden in

[20] DBB 2024.

[21] Bundesministerium der Justiz 2024.

der Regel nur an Personen vergeben, die zwei juristische Staatsexamen und langjährige einschlägige Berufserfahrung vorweisen. Mitglied des Bundestags (MdB) kann dagegen jeder werden, der 18 Jahre alt ist, die deutsche Staatsbürgerschaft hat und gewählt wird.

Durch die gestiegene „Abgeordnetenentschädigung" ist die Tätigkeit als MdB für viele Menschen aus finanziellen Gründen attraktiv geworden.

Im 19. Deutschen Bundestag (2017 bis 2021) waren gerade einmal 30 % der Abgeordneten (215 von 709) beruflich als Selbstständige tätig. Die große Mehrheit von 64 % (452 der 709 Abgeordneten) gingen einer unselbständigen Tätigkeit nach (darunter 171 Beamte = 24 %). Die restlichen 6 % (41 von 709) waren noch in Ausbildung oder Studium, arbeitslos, Hausfrauen oder Hausmänner oder hatten keine Angaben gemacht.

Es liegt nahe, dass die „Abgeordnetenentschädigung" bei nicht wenigen Abgeordneten deutlich höher ist als das Einkommen, das sie in ihrem erlernten oder zuletzt ausgeübten Beruf erzielen würden. Die Konsequenz ist, dass sich im Laufe der Jahre immer mehr der Typus des „Berufspolitikers" durchgesetzt hat, also Menschen, die ihr gesamtes berufliches Leben im Parteien- und Politikbetrieb verbringen.

Ein Nachteil dieser Entwicklung ist, dass solche „Berufspolitiker" aus finanziellen Gründen darauf angewiesen sind, wiedergewählt zu werden. Und dazu müssen sie regelmäßig von ihrer Partei aufgestellt werden, entweder auf einem aussichtsreichen Platz auf der Landesliste oder als Direktkandidat in einem „sicheren" Wahlkreis. Das wiederum kann dazu führen, dass solche Abgeordnete eher dazu geneigt sind, ihr Handeln nicht primär an den Interessen „des gesamten Volkes" auszurichten, sondern an den Vorgaben der Partei- und Fraktionsführung. Und das führt letztlich dazu, dass sich heute die meisten Abgeordneten dem sogenannten Fraktionszwang unterwerfen.

## Fraktionszwang

Der Bundestag hat sich seit 1949 zu einem sogenannten Arbeitsparlament entwickelt. Das bedeutet, dass die wesentliche Arbeit der Abgeordneten in den einzelnen Fachausschüssen stattfindet. Dort sind die verschiedenen Fraktionen gemäß ihrer Stärke proportional vertreten. Wesentliche Machtfaktoren im täglichen Ablauf des Bundestags sind deshalb die „Ausschüsse" und die „Fraktionen".

Im Plenum des Bundestags finden zwar die drei Lesungen und die Schlussabstimmung über die Gesetze statt. Die inhaltliche Arbeit wird aber in den Ausschüssen gemacht. Die (meisten) Gesetzesentwürfe werden nach der ersten Lesung im Bundestag in den jeweils zuständigen Ausschuss „überwiesen" (§ 80 Abs. 1 Satz 1 der Geschäftsordnung des Deutschen Bundestags - BTGO). Die Mitglieder eines Ausschusses diskutieren und überarbeiten die Entwürfe. Sie können Sachverständige und Betroffene anhören usw.

> Wie es parlamentarischer Tradition in Deutschland entspricht, wird im Bundestag ein wesentlicher Teil der anfallenden Arbeit außerhalb des Plenums, vor allem in den Ausschüssen, geleistet. Die Ausschüsse bereiten Verhandlungen und Beschlüsse des Plenums vor …, arbeiten also stets auf die endgültige Beschlußfassung durch das Plenum hin und nehmen damit zugleich einen Teil des Entscheidungsprozesses entlastend vorweg. So wird in den Ausschüssen über Gesetzentwürfe einschließlich der Vorlage des Haushaltsgesetzes, über Anträge und Beschlußempfehlungen sowie über Vorlagen nach §§ 93 ff. GOBT beraten.

> An diesen Beratungen sind häufig mehrere Ausschüsse beteiligt ... Auch ein wesentlicher Teil der Informations-, Kontroll- und Untersuchungsaufgaben des Bundestages wird durch die Ausschüsse wahrgenommen (vgl. Art. 43 Abs. 1 GG, § 62 Abs. 1 Satz 3 GOBT). Durch diese Aufgabenstellung sind sie in die Repräsentation des Volkes durch das Parlament einbezogen; dieses Prinzip prägt den gesamten Bereich der parlamentarischen Willensbildung. Deshalb muß grundsätzlich jeder Ausschuß ein verkleinertes Abbild des Plenums sein und in seiner Zusammensetzung die Zusammensetzung des Plenums widerspiegeln.[22]

Um eine Fraktion zu bilden, genügten 1949 zehn Mitglieder des Bundestags, mittlerweile sind mindestens 5 % der Bundestagsabgeordneten erforderlich (§ 10 Abs. 1 Satz 1 BTGO).

> Eine Fraktion ist der Zusammenschluss von Bundestagsabgeordneten, die derselben Partei oder solchen Parteien angehören, die auf Grund gleich gerichteter politischer Ziele in keinem Land miteinander im Wettbewerb stehen.

Ursprünglich waren die Fraktionen im Grundgesetz mit keinem Wort erwähnt. Trotzdem haben sie sich über die Jahre zu „der" dominanten Größe im Bundestag entwickelt. Mittlerweile nimmt immerhin in Art. 53a Abs. 1 Satz 2 GG beiläufig Bezug darauf: „Die Abgeordneten [des Gemeinsamen Ausschusses] werden vom Bundestage entsprechend dem Stärkeverhältnis der Fraktionen bestimmt; sie dürfen nicht der Bundesregierung angehören."

[22] BVerfG, 13. Juni 1989, 2 BvE 1/88, BVerfGE 80, 188.

Der Gemeinsame Ausschuss ist ein besonderes Verfassungsorgan, das im Verteidigungsfall handlungsfähig bleibt, wenn Bundestag und Bundesrat wegen kriegsbedingter Umstände nicht mehr rechtzeitig zusammentreten oder beschließen können. Er ist in Artikel 53a Grundgesetz (GG) geregelt. Der Ausschuss besteht aus 48 Mitgliedern: zwei Dritteln Abgeordneten des Bundestages und einem Drittel Mitgliedern des Bundesrates. Seine Aufgaben und Befugnisse richten sich nach Artikel 115e GG: Er kann Gesetze erlassen und Maßnahmen treffen, die für die Verteidigung notwendig sind, unterliegt jedoch engen Schranken. So darf er etwa das Grundgesetz nur eingeschränkt ändern und nicht in die föderale Struktur eingreifen. Der Gemeinsame Ausschuss wurde 1968 im Zuge der sogenannten Notstandsverfassung geschaffen. Die Einzelheiten seiner Zusammensetzung und Arbeitsweise regelt das Gesetz über den Gemeinsamen Ausschuss von 1969.

Ausführlichere Regelungen zu den Fraktionen sind in den §§ 53 ff. AbgG sowie §§ 10 f. der Geschäftsordnung des Deutschen Bundestags (BTGO) enthalten.

Eine Fraktion hat gegenüber einem einzelnen Abgeordneten eine ganze Reihe von Vorteilen:

- Fraktionen erhalten zusätzliche Finanzmittel für die Fraktionsführung (§ 58 AbgG): Aktuell sind das ein Grundbetrag pro Fraktion in Höhe von 512.553,00 € pro Monat (= 6.150.636,00 € jährlich) € und zusätzlich 10.700,00 € pro Monat für jeden Abgeordneten der Fraktion (= 128.400,00 € jährlich). Insgesamt erhalten die Fraktionen somit jährlich 139,8 Mio. €.[23] Dieses Geld können die Fraktionen zum Beispiel für Fraktionsmitglieder für die Wahrnehmung besonderer Aufgaben, Fraktionsmitarbeiter, Veranstaltungen, Sachverständige oder Öffentlichkeitsarbeit ausgeben.

[23] Deutscher Bundestag 2024.

- Fraktionen können vor dem Bundesverfassungsgericht klagen und sowohl eigene innerparlamentarische Rechte geltend machen als auch die Rechte des Bundestages – auch gegen den Willen der parlamentarischen Mehrheit.[24]
- Fraktionen benennen die Mitglieder der Bundestagsausschüsse und der Untersuchungsausschüsse (§ 57 Abs. 2 Satz 1 BTGO).
- Fraktionen haben das Recht, Gesetzentwürfe auf die Tagesordnung des Bundestags setzen zu lassen, Große Anfragen zu stellen oder eine Aktuelle Stunde zu beantragen (§ 76 Abs. 1 BTGO).
- In der Regel darf jeder Abgeordnete bei einer Bundestagsdebatte nicht länger als 15 min sprechen. Fraktionen können verlangen, dass einer ihrer Redner bis zu 45 min sprechen darf (§ 35 Abs. 1 BTGO).

Fraktionslose Abgeordnete haben dagegen wesentlich weniger Geld, Rechte und Möglichkeiten. Das Bundesverfassungsgericht hat ihnen zwar ein „angemessenes Rederecht" im Bundestag zugestanden (ohne dass eine konkrete Mindestdauer festgelegt ist). Sie können bei der Zweiten Lesung von Gesetzen Änderungsanträge einbringen und bei der (Schluss-)Abstimmung mitwirken. Und fraktionslose Abgeordnete haben das Recht, mindestens einem Ausschuss anzugehören (inklusive Rede- und Antragsrecht, § 57 Abs. 1 Satz 2, Abs. 2 Satz 2 BTGO). Allerdings haben sie in den Ausschüssen kein Stimmrecht.[25]

Jede Fraktion im Bundestag hat heute einen Fraktionsvorsitzenden und mehrere Stellvertreter. Diese sind vor allem dafür zuständig, sicherzustellen, dass die Mitglieder

[24] Bundesverfassungsgericht 2023.

[25] BVerfG, 13. Juni 1989, 2 BvE 1/88, BVerfGE 80, 188.

der jeweiligen Fraktion gemäß den Vorgaben der Fraktions- und Parteiführung zuverlässig und einheitlich abstimmen. Die größten Druckmittel der Fraktion gegen potenzielle Abweichler sind der Ausschluss aus der Fraktion und die Drohung, den Abweichler bei der nächsten Wahl nicht mehr auf einen sicheren Listenplatz zu wählen oder ihn nicht mehr in einem „sicheren" Wahlkreis aufzustellen. Denn dadurch verliert der Abweichler praktisch immer sein Bundestagsmandat – was in den meisten Fällen mit einem finanziellen und sozialen Abstieg verbunden ist. Der Fraktionszwang funktioniert in Deutschland deshalb fast immer sehr effektiv, gerade im Vergleich mit anderen westlichen Ländern. So blockierte beispielsweise in den USA der demokratische Senator Joe Manchin immer wieder wichtige Gesetzesvorhaben des demokratischen US-Präsidenten Joe Biden wie zum Beispiel das Infrastrukturprogramm „Build Back Better"-Act.[26] Kaum vorstellbar, dass sich ein Bundestagsabgeordneter der Regierungskoalition etwas Vergleichbares trauen würde.

Zwar kann man keinem Abgeordneten in den Kopf schauen – aber es gibt immer wieder Beispiele, die nahe legen, dass die Abgeordneten relativ leichtfertig auf eine eigene Meinung verzichten oder Kontrollrechte des Bundestags aufgeben, wenn es die Fraktions- und Parteiführung verlangen:

- Bundestagspräsident Norbert Lammert bezeichnete 2011 die Abstimmung zum Euro-Rettungsfonds als das „wichtigste einzelne Gesetzgebungsvorhaben dieser Legislaturperiode". Trotzdem wussten 40 bis 50 % der Abgeordnete vor der Abstimmung nicht einmal ungefähr, mit wie vielen Milliarden der deutsche

[26] Meiritz 2023.

Steuerzahler dadurch haften würde (211 Mrd. €)[27] und stimmten dennoch so ab, wie es die Fraktionsführung vorgab.

- Im Zuge der Euro-Rettung hatten die meisten Bundestagsabgeordneten auch kein Problem damit, dass über die deutsche Beteiligung an den viele Milliarden Euro teuren Rettungsversuchen nicht im Bundestag abgestimmt werden sollte, sondern durch ein neunköpfiges Geheimgremium.[28] Gestoppt wurde dieses Vorgehen erst durch das Bundesverfassungsgericht.
- Seit Anfang 2022 hatte die Ampel-Regierung wiederholt bei wichtigen Gesetzgebungsverfahren die Fristen für die Abgeordneten, sich damit zu befassen, extrem verkürzt. So wurden zum Beispiel wesentliche Änderungen mit bis zu 400 Seiten Text erst wenige Stunden vor der abschließenden Beratung im federführenden Ausschuss für Klimaschutz und Energie an die übrigen Abgeordneten des Bundestags übersandt. Die Mehrheit der Bundestagsabgeordneten hatte damit scheinbar kein Problem. Erst als sich anlässlich der 2. und 3. Lesung des Gesetzentwurfs der Ampel-Regierung zur „Änderung des Gebäudeenergiegesetzes, zur Änderung der Heizkostenverordnung und zur Änderung der Kehr- und Überprüfungsordnung" (BTDrucks 20/6875) einige oppositionelle CDU-Abgeordneten dagegen wehrten, verbot das Bundesverfassungsgericht dem Bundestag, die 2. und 3. Lesung noch in derselben Sitzungswoche (27. Kalenderwoche) durchzuführen.[29]

---

[27] Teevs 2011.

[28] Spiegel 2011.

[29] BVerfG, 5. Juli 2023, 2 BvE 4/23.

- Im März 2025 trieben die Parteiführungen von CDU/CSU, SPD und Grünen mit großem Zeitdruck eine umfassende Änderung der Schuldenbremse sowie die Schaffung eines 500-Milliarden-Euro-Sondervermögens für Infrastruktur und Klimaschutz voran. Ziel war es, diese weitreichenden Maßnahmen noch vor der Konstituierung des am 23. Februar neu gewählten 21. Bundestags vom alten Parlament beschließen zu lassen. Hintergrund war, dass CDU/CSU und SPD im neuen Bundestag für die erforderliche Zweidrittelmehrheit auf Stimmen von AfD oder Linken angewiesen gewesen wären – ein politisches Risiko, das sie unbedingt vermeiden wollten. Der Gesetzentwurf wurde am 10. März 2025 erstellt und bereits am 13. März in erster Lesung im Bundestag[30] Am selben Tag fand auch eine öffentliche Anhörung im Haushaltsausschuss statt – ein ungewöhnlicher Ablauf, da normalerweise erst nach der Überweisung an die Ausschüsse beraten wird. Die Verabschiedung erfolgte am 18. März, nur fünf Tage später. Viele Abgeordnete und Beobachter kritisierten die extreme Eile sowie die Tatsache, dass nur der Haushaltsausschuss befasst war, obwohl die Tragweite der Verfassungsänderung eine umfassendere Beratung verlangt hätte. Trotz dieser erheblichen Bedenken stimmten die Abgeordneten von CDU/CSU, SPD und Grünen dem Vorhaben zu.

  Und auch die CDU/CSU-, SPD- und Grünen-Abgeordneten des neu gewählten Bundestags unterwarfen sich der Fraktionsdisziplin. Obwohl ein Drittel der Abgeordneten eine vorgezogene Konstituierung des neuen

[30] Deutscher Bundestag 2025b.

Parlaments hätte verlangen können (Art. 39 Abs. 3 Satz 3 GG) – was den übereilten Beschluss verhindert hätte –, verzichteten sie bewusst darauf. Die AfD, die einen entsprechenden Antrag stellte, erreichte mangels Unterstützung nicht die erforderliche Stimmenzahl. Die Linke, die eine frühere Konstituierung grundsätzlich befürwortete, verweigerte eine Zusammenarbeit mit der AfD. So konnten die Parteiführungen ihre Grundgesetzänderung ohne ernsthafte parlamentarische Kontrolle wenige Tage vor der offiziellen Ablösung des alten Bundestags durchsetzen.

In der Tendenz gibt es heute vermutlich mehr Abgeordnete als 1949, die finanziell auf das Bundestagsmandat angewiesen sind. Diese könnten versucht sein, auch egoistische Motive bei ihrer Tätigkeit als Abgeordnete einfließen zu lassen. Das macht sie tendenziell empfänglicher für externe Einflüsse und sie können den grundgesetzlichen Anspruch „Vertreter des ganzen Volkes" zu sein (Art. 38 Abs. 1 Satz 2 GG) weniger gut erfüllen als jemand, der auch ohne Abgeordnetenmandat ein erfülltes und finanziell abgesichertes Leben hat.

Dadurch ist im Gegenzug die Macht derjenigen gestiegen, die über die Mittel verfügen, widerspenstige Abgeordnete zu disziplinieren. In der Regel werden das die Spitzenpolitiker der jeweiligen Partei sein, insbesondere der Parteivorsitzende, der Fraktionsvorsitzende und der Generalsekretär. Durch die Abhängigkeit der Abgeordneten von ihrem Bundestagsmandat verliert der Bundestag dadurch einiges an seiner Unabhängigkeit gegenüber den anderen Verfassungsorganen, vor allem gegenüber der Bundesregierung. Denn in den Parteien, die die Regierung bilden, wird der Fraktionszwang naheliegenderweise erheblich stärker durchgesetzt als in der Opposition.

## Der Bundesrat

Die Stellung des Bundesrats hat sich seit 1949 dem Wortlaut nach nicht wesentlich verändert. Genau wie der Bundestag hat aber auch der Bundesrat einen erheblichen Teil seiner sachlichen Gesetzgebungskompetenz infolge des Übergangs auf die EU und den Vorrang des EU-Rechts verloren. Dennoch hat sich die Macht des Bundesrats faktisch erheblich vergrößert, weil die Zahl der zustimmungspflichtigen Gesetze im Laufe der Jahre stark angestiegen ist. Dadurch kann der Bundesrat von den Oppositionsparteien effektiv als „Blockadeinstrument" eingesetzt werden.

### Funktion und Stellung

Durch den Bundesrat wirken die Länder bei der Gesetzgebung und Verwaltung des Bundes und in Angelegenheiten der Europäischen Union mit (Art. 50 GG). Der Bundesrat besteht aus Mitgliedern der Regierungen der Länder, die sie bestellen und abberufen. Jedes Land hat mindestens drei Stimmen, Länder mit mehr als zwei Millionen Einwohnern haben vier, Länder mit mehr als sechs Millionen Einwohnern fünf, Länder mit mehr als sieben Millionen Einwohnern sechs Stimmen. (Art. 51 Abs. 1 und 2 GG). 1949 hatte der Bundesrat 44 Mitglieder. Infolge der Wiedervereinigung und des Bevölkerungswachstums ist die Anzahl der Mitglieder bis 2024 auf aktuell 69 gestiegen. Das Stimmengewicht der einzelnen Bundesländer ist unter demokratischen Gesichtspunkten problematisch, da kleinere Bundesländer einen stark überproportionalen Einfluss haben. So hat beispielsweise Bayern 13,2 Mio. Einwohner. Auf jede der 6 Stimmen im Bundesrat kommen somit 2,2 Mio. Einwohner. Dagegen hat Bremen mit

0,7 Mio. Einwohnern 3 Stimmen (= 0,2 Mio. Einwohner pro Stimme).

Die wichtigste Aufgabe des Bundesrats ist die Mitwirkung bei der Gesetzgebung auf Bundesebene (Art. 76 ff. GG). Der Bundestag hat ein Initiativrecht (= er kann Gesetzesvorlagen beim Bundestag einbringen), er kann den Vermittlungsausschuss anrufen, er hat ein Einspruchsrecht und in vielen Fällen kommt ein Gesetz nur zustande, wenn der Bundestag ausdrücklich zustimmt.

Welche Gesetze zustimmungspflichtig sind, ist im Grundgesetz ausdrücklich und abschließend geregelt. Zustimmungspflichtig sind Gesetze, die sich auf die Finanzen der Länder auswirken (z. B. Steuergesetze, die Auswirkungen auf die Einnahmen der Länder haben, oder Gesetze, die die Länder zu Ausgaben oder Sachleistungen verpflichten) und Gesetze, die sich auf die Organisations- oder Verwaltungshoheit der Länder auswirken. So heißt es zum Beispiel in Art. 80 Abs. 2 GG:

> Art. 80 Abs. 2 GG: „Der Zustimmung des Bundesrates bedürfen, vorbehaltlich anderweitiger bundesgesetzlicher Regelung, Rechtsverordnungen der Bundesregierung oder eines Bundesministers über Grundsätze und Gebühren für die Benutzung der Einrichtungen des Postwesens und der Telekommunikation, über die Grundsätze der Erhebung des Entgelts für die Benutzung der Einrichtungen der Eisenbahnen des Bundes, über den Bau und Betrieb der Eisenbahnen, sowie Rechtsverordnungen auf Grund von Bundesgesetzen, die der Zustimmung des Bundesrates bedürfen oder die von den Ländern im Auftrage des Bundes oder als eigene Angelegenheit ausgeführt werden.

Zudem ist die Zustimmung des Bundesrats erforderlich, wenn das Grundgesetz geändert werden soll (Art. 79 Abs. 2 GG) oder zur Erklärung des „Gesetzgebungsnotstands" (Art. 81 Abs. 1 GG).

Weitere Befugnisse des Bundesrats sind zum Beispiel:

- Mitglieder des Bundesrats haben Zutritt zu allen Sitzungen des Bundestags und seiner Ausschüsse (Art. 43 Abs. 2 GG)
- Der Bundesrat wählt die Hälfte der Richter am Bundesverfassungsgericht (Art. 94 Abs. 1 Satz 2)
- Der Bundesrat kann vor dem Bundesverfassungsgericht klagen (Art. 93 Abs. 1 Nr. 1 GG).
- Der Bundesrat kann den Bundespräsidenten vor dem Bundesverfassungsgericht anklagen (Art. 61 Abs. 1 GG).
- Der Bundesrat schlägt im Einvernehmen mit der Bundesregierung drei Mitglieder (= die Hälfte) des Vorstandes der Bundesbank vor (§ 7 Abs. 3 Satz 2 Bundesbankgesetz - BBankG).

Neu hinzugekommen ist, dass in Angelegenheiten der EU mittlerweile bestimmte Rechte des Bundesrats ausdrücklich in Art. 23 Absätze 1a, 2, und 4 bis 6 GG geregelt sind. So kann der Bundesrat zum Beispiel vor dem Gerichtshof der Europäischen Union klagen. Die Bundesregierung ist zudem verpflichtet, den Bundesrat „an der Willensbildung des Bundes zu beteiligen" (z. B. wenn für ein entsprechendes deutsches Gesetz die Mitwirkung des Bundesrats erforderlich gewesen wäre).

## „Blockadeinstrument"

Im Parlamentarischen Rat hatte man den Anteil der im Bundesrat zustimmungspflichtigen Gesetze auf 10 % geschätzt und für angemessen erachtet.[31] Tatsächlich war die Zahl der zustimmungspflichtigen Gesetze jedoch deutlich höher und stieg über die Jahre immer weiter an. Ein wesentlicher Grund dafür war, dass das Bundesverfassungsgericht 1958 entschied, dass sich die Zustimmungsbedürftigkeit immer auf das Gesetz in seiner Gesamtheit bezieht und nicht nur auf einzelne Vorschriften, die die Zustimmungsbedürftigkeit auslösen:

> Regelt aber ein Bundesgesetz, das die Länder als eigene Angelegenheit ausführen, das Verwaltungsverfahren der Landesbehörden, so bedarf nach Art. 84 Abs. 1 GG das Gesetz als Ganzes der Zustimmung des Bundesrates. Zustimmungsbedürftig ist nicht die einzelne Vorschrift über das Verwaltungsverfahren. Der Ausdruck „Bundesgesetz" am Ende von Art. 84 Abs. 1 GG meint nicht – wie etwa Art. 100 Abs. 1 GG – das Gesetz im Sinne einer einzelnen Norm, sondern das Gesetz als gesetzgebungstechnische Einheit … Das folgt vor allem aus Art. 78 GG. Das „vom Bundestage beschlossene Gesetz" ist das durch einen Gesetzesbeschluß des Bundestages zu einer Einheit zusammengefaßte Gesetz. *Dieses* Gesetz kommt nach Art. 78 GG nur zustande, wenn der Bundesrat zustimmt, sofern nach Art. 84 Abs. I GG oder anderen Vorschriften des Grundgesetzes seine Zustimmung notwendig ist. Ein Gesetz kann, was den Vorgang seiner Entstehung angeht, nur als Ganzes gesehen und behandelt werden. Sähe man als zustimmungsbedürftig lediglich die einzelnen, das Verfahren regelnden Normen der Gesetze an, so würden sich kaum

[31] Stecker 2021.

> überwindbare Schwierigkeiten im Gesetzgebungsverfahren und bei der Verkündung der Gesetze ergeben. Es entspricht schließlich der ständigen Übung von Bundestag, Bundesrat und Bundesregierung, das ganze Gesetz als der Zustimmung des Bundesrates bedürftig anzusehen.[32]

Im Ergebnis betrug die Quote der zustimmungspflichtigen Gesetze im Jahr 2006 dann 53 %.[33]

Das führte zu einer erheblichen Verzögerung des Gesetzgebungsverfahrens. Denn in den Koalitionsverträgen auf Landesebene ist in der Regel festgelegt, dass sich bei Meinungsverschiedenheiten das Land im Bundesrat enthält. Enthaltungen wirken aber wie Nein-Stimmen. Der Bundesrat ist dadurch für die jeweiligen Oppositionsparteien im Bundestag zu einem relativ starken Machtinstrument geworden. Die Regierungskoalition von CDU/CSU und SPD ist aktuell nur in drei Bundesländern (Hessen, Saarland und Sachsen) nicht auf die Zustimmung einer anderen Partei bei Abstimmungen im Bundesrat angewiesen. Dadurch ist die Bundesregierung zu Kompromissen mit dem Bundesrat bzw. der Opposition im Bundestag gezwungen – was das Gesetzgebungsverfahren ziemlich „lähmen" kann.[34]

Um das zu ändern, wurde 2006 die sogenannte Föderalismusreform I beschlossen. Dadurch sollte u. a. der Anteil der zustimmungsbedürftigen Gesetze auf 35 bis 40 % gesenkt werden.[35] Tatsächlich betrug dieser Anteil in den Jahren 2006 bis 2009 dann auch „nur" noch 39 %.[36] Mittlerweile pendelt der Wert im jährlichen Durchschnitt

[32] BVerfG, 12. November 1958, 2 BvL 4, 26, 40/56, 1, 7/57, BVerfGE 8, 274.

[33] Robbe et al. 2009 (S. 3).

[34] Stecker 2021.

[35] Robbe et al. 2009 (S. 3).

[36] Robbe et al. 2009 (S. 3).

zwischen 25 und 45 % und erfasst vor allem die wirklich wichtigen Themen.[37]

## Fazit

Die Machtstellung des Bundestags ist seit 1949 erheblich gesunken. Verantwortlich dafür ist vor allem, dass die Gesetzgebungskompetenz des Bundestags durch EU-Recht erheblich beschränkt wurde. Zudem schwächt der in Deutschland stark ausgeprägte Fraktionszwang die Abgeordneten gegenüber der Bundesregierung.

Der Bundesrat konnte seine Machtstellung leicht ausbauen. Zwar betrifft ihn die eingeschränkte Gesetzgebungskompetenz des Bundestags ebenfalls. Allerdings hat der Anteil der zustimmungspflichtigen Gesetze seit 1949 deutlich zugenommen. Zudem kann er aufgrund der mittlerweile vielfältigen Koalitionsvarianten in den Bundesländern von der Opposition im Bundestag gezielt als Blockadeinstrument eingesetzt werden.

## Literatur

Bundesministerium der Justiz. 2024. Bundesbesoldungsgesetz Anlage IV. https://www.gesetze-im-internet.de/bbesg/anlage_iv.html. Zugegriffen: 3. Mai 2025.

bpb. 2009. Arbeitswoche eines Bundestagsabgeordneten. Bundeszentrale für politische Bildung. https://www.bpb.de/themen/politisches-system/deutsche-demokratie/39346/arbeitswoche-eines-bundestagsabgeordneten/. Zugegriffen: 3. Mai 2025.

---

[37] Stecker 2021.

Bundesverfassungsgericht. 2023. Organstreitverfahren. https://www.bundesverfassungsgericht.de/DE/Verfahren/Wichtige-Verfahrensarten/Organstreitverfahren/organstreitverfahren_node.html. Zugegriffen: 3. Mai 2025.

DBB. 2024. Besoldungstabelle 2024. dbb beamtenbund und tarifunion. https://www.dbb.de/fileadmin/user_upload/globale_elemente/pdfs/2023/231207_Besoldungstabelle_Bund_2024-03.pdf. Zugegriffen: 3. Mai 2025.

Deutscher Bundestag. 2024. Zahlungen an Fraktionen sollen 2025 um 0,64 Prozent steigen. https://www.bundestag.de/presse/hib/kurzmeldungen-1023734? https://www.bundestag.de/resource/blob/272530/e04f572c4094dccca3c0ea7082188beb/Kapitel_17_03_Geldleistungen_an_die_Fraktionen-pdf-data.pdf. Zugegriffen: 3. Mai 2025.

Deutscher Bundestag. 2025a. Aufwandsentschädigung für die Abgeordneten des Deutschen Bundestages. https://www.bundestag.de/abgeordnete/mdb_diaeten/mdb_diaeten-214848?. Zugegriffen: 3. Mai 2025.

Deutscher Bundestag. 2025b. Drucksache 20/15177. https://dserver.bundestag.de/btd/20/151/2015117.pdf. Zugegriffen: 3. Mai 2025.

Die Bundesregierung. 2016. Deutsche Gesetze unabhängiger als vermutet. https://www.bundesregierung.de/breg-de/service/deutsche-gesetze-unabhaengiger-als-vermutet-746508. Zugegriffen: 3. Mai 2025.

European Union. 2025. Legal acts – statistics. https://eur-lex.europa.eu/statistics/legal-acts/2024/legislative-acts-statistics-by-type-of-act.html?locale=de. Zugegriffen: 3. Mai 2025.

Jarass, Hans D. und Kment, Martin. 2022. Grundgesetz für die Bundesrepublik Deutschland – Kommentar. München: Verlag C.H. Beck.

Kafsack, Hendrick. 2009. EU macht weniger Gesetze als angenommen. Frankfurter Allgemeine. https://www.faz.net/aktuell/wirtschaft/wirtschaftspolitik/neue-statistik-eu-macht-weniger-gesetze-als-angenommen-1858607.html. Zugegriffen: 3. Mai 2025.

Löhle, Claudia. 2010. Was ist dran am Mythos 80 Prozent?. Zeitschrift für Direkte Demokratie. https://www.mehr-demokratie.de/fileadmin/pdf/zfdd-1-2010-Mythos-80-Prozent.pdf. Zugegriffen: 3. Mai 2025.

Meiritz, Annett. 2023. Demokraten-Rebell Joe Manchin legt sich mit Biden an – und mit der EU. Handelsblatt. https://www.handelsblatt.com/politik/international/streit-um-gruene-subventionen-demokraten-rebell-joe-manchin-legt-sich-mit-biden-an-und-mit-der-eu/28949532.html. Zugegriffen: 3. Mai 2025.

Robbe, Patrizia und Rohleder, Kristin und Gramann, Kirsten. 2009. Auswirkungen der Föderalismusreform I -Mitwirkungsrechte und Gesetzgebungskompetenzen Gramann. Deutscher Bundestag. https://www.bundestag.de/resource/blob/494344/9b3e3ea9656984aa3519be862fc9063c/auswirkungen-der-foederalismusreform-i-data.pdf. Zugegriffen: 3. Mai 2025.

Spiegel. 2011. Verfassungsgericht stoppt Geheimgremium zur Euro-Rettung. https://www.spiegel.de/politik/deutschland/klage-von-abgeordneten-verfassungsgericht-stoppt-geheimgremium-zur-euro-rettung-a-794537.html. Zugegriffen: 3. Mai 2025.

Stecker, Christian. 2021. Blockierte Mehrheit – Warum die Vetomacht des Bundesrates ein Demokratieproblem ist. Verfassungsblog. https://verfassungsblog.de/blockierte-mehrheit/. Zugegriffen: 3. Mai 2025.

Streinz, Rudolf. 2023. Europarecht. Heidelberg: C.F. Müller GmbH

Teevs, Christian. 2011. Denn sie wussten nicht, worüber sie abstimmen. Spiegel. https://www.spiegel.de/wirtschaft/soziales/euro-votum-im-bundestag-denn-sie-wussten-nicht-worueber-sie-abstimmen-a-789405.html. Zugegriffen: 3. Mai 2025.

# 5

# Die Exekutive: Wie hat sich die (Macht-)Stellung der Bundesregierung und des Bundespräsidenten verändert?

**Inhaltsverzeichnis**



**Zusammenfassung**

Allein vom Wortlaut des Grundgesetzes hat sich die Stellung der Bundesregierung und des Bundespräsidenten bis heute nicht wesentlich verändert. Dennoch ist es der Bundesregierung gelungen, ihre Machtstellung im Vergleich zu 1949 erheblich auszubauen. Der Bundespräsident dämmert dagegen bis heute in einem Dornröschenschlaf.


J. Theurer, *75 Jahre Grundgesetz: Das fragile Gleichgewicht*,
https://doi.org/10.1007/978-3-658-49049-2_5

# Die Bundesregierung

Allein vom Wortlaut des Grundgesetzes hat sich die Stellung der Bundesregierung bis heute nicht wesentlich verändert. Der IV. Abschnitt im Grundgesetz (Art. 62 bis 69) entspricht immer noch dem Wortlaut von 1949. Hinzugekommen ist lediglich Art. 65a Abs. 1 GG: „Der Bundesminister für Verteidigung hat die Befehls- und Kommandogewalt über die Streitkräfte."

Dennoch hat sich die reale Macht der Bundesregierung seitdem massiv erhöht. Dafür sind vor allem zwei Umstände verantwortlich: Aufgrund der vielfältigen technischen und gesellschaftlichen Entwicklungen sind die zu regelnden Lebensbereiche immer komplexer geworden. Die Bundesregierung verfügt über deutlich mehr Informationen und Mitarbeiter als die Bundestagabgeordneten und kann mit diesem Wissen auch sehr komplexe Gesetzentwürfe über ihre Ministerien erstellen lassen. Zudem kann die Bundesregierung die Gesetzgebung auf Ebene der EU beeinflussen und dadurch Regelungen auf den Weg bringen, für die sie im Bundestag oder im Bundesrat oder in der Öffentlichkeit keine Mehrheit gefunden hätte („Spiel über die Bande").

## Aufgaben und Kompetenzen

Die Bundesregierung besteht aus dem Bundeskanzler und aus den Bundesministern (Art. 62 GG). Der Bundeskanzler bestimmt die Richtlinien der Politik und trägt dafür die Verantwortung. Innerhalb dieser Richtlinien leitet jeder Bundesminister seinen Geschäftsbereich selbstständig und eigenverantwortlich. Über Meinungsverschiedenheiten zwischen Bundesministern entscheidet die Bundesregierung (Art. 65 GG). Details der Zusammenarbeit sind in der jeweils aktuellen „Geschäftsordnung der Bundesregierung" festgelegt.

Im Grundgesetz ist nicht abschließend vorgeschrieben, welche Ministerien es geben muss und für was sie jeweils zuständig sind. Die Bildung der Ministerien obliegt vielmehr dem Bundeskanzler bzw. den Parteien, die aufgrund ihrer Mehrheit im Bundestag die jeweilige Bundesregierung bilden. Das Grundgesetz setzt jedoch seit 1949 voraus, dass es einen Bundesjustizminister und einen Bundesfinanzminister gibt (z. B in Art. 96 Abs. 2 und Art. 112 GG). Mittlerweile ist auch ein Bundesverteidigungsminister erforderlich (Art. 65a Abs. 1 GG). Die Anzahl der Ministerien und deren konkreter Zuschnitt wird in der Regel zu Beginn einer Legislaturperiode zwischen den Koalitionspartnern anhand der politischen Prioritäten festgelegt und variiert daher immer wieder. Wenn sich Zuständigkeitsbereiche ändern, wird das in der Praxis durch einen „Organisationserlass des Bundeskanzlers" festgelegt. So gab es 1949 neben dem Bundeskanzler noch 13 Ministerien (u. a. ein Bundesministerium für Angelegenheiten des Marshallplanes). Die derzeitige Bundesregierung unter Kanzler Friedrich Merz hat 17 Minister.

## Staatsleitung und Spitze der Bundesverwaltung

> „Die Aufgaben und Kompetenzen der Bundesregierung ergeben sich aus dem Grundgesetz und sind sehr vielfältig. Das Bundesverfassungsgericht definiert es so:
>
> Die Bundesregierung ist das oberste Organ der vollziehenden Gewalt … Gemeinsam mit den anderen dazu berufenen Verfassungsorganen obliegt ihr die Aufgabe der Staatsleitung … Zwar vermitteln die einzeln in der Verfassung aufgeführten Aufgaben und Zuständigkeiten der Bundesregierung und ihrer Mitglieder (vgl. insbesondere Art. 23 Abs. 2, 3, 5, 6; Art. 24 Abs. 1a; Art. 26 Abs. 2;

Art. 32 Abs. 3; Art. 37; Art. 42 Abs. 1; Art. 43; Art. 52 Abs. 2; Art. 53; Art. 53a Abs. 2; Art. 65; Art. 76; Art. 77 Abs. 2; Art. 80; Art. 80a Abs. 3; Art. 81; Art. 84 Abs. 2 bis 5; Art. 85 Abs. 2 bis 4; Art. 86; Art. 87aAbs. 4; Art. 87b Abs. 2; Art. 91 Abs. 2; Art. 104b Abs. 3; Art. 108 Abs. 7; Art. 109 Abs. 4; Art. 111; Art. 113; Art. 114; Art. 115a Abs. 1; Art. 115d Abs. 2; Art. 115 f; Art. 115i Abs. 2; Art. 129 Abs. 1; Art. 130 Abs. 1; Art. 132 Abs. 4 GG) nur einen unvollständigen Ausschnitt des Aufgabenbestandes, der sich aus dem politischen Leitungsauftrag der Bundesregierung ergibt. Das Grundgesetz setzt die Kompetenz der Bundesregierung zur Staatsleitung im Sinne einer – abschließender Regelung nicht zugänglichen – verantwortlichen Leitung des Ganzen der inneren und äußeren Politik … jedoch stillschweigend voraus … Diese Kompetenz zur Staatsleitung schließt als integralen Bestandteil die Befugnis der Bundesregierung zur Informations- und Öffentlichkeitsarbeit ein … Bei der Wahrnehmung der ihr übertragenen Aufgaben ist die Bundesregierung an die Grundrechte sowie an Gesetz und Recht gebunden (Art. 1 Abs. 3 und Art. 20 Abs. 3 GG).“[1]

Die Bundesregierung ist die oberste Bundesbehörde und kann insbesondere

- Rechtsverordnungen erlassen, soweit sie durch ein Gesetz dazu ermächtigt wird (Art. 80 Abs. 1 GG),
- Verwaltungsvorschriften für die Ausführung von Bundesgesetzen durch die Länder erlassen (Art. 84 Abs. 2 und 85 Abs. 2 GG),
- die Ausführung der Bundesgesetze durch die Länder überwachen (Art. 84 Abs. 3 und Art. 85 Abs. 4 GG) und im Fall der Auftragsverwaltung den Landesbehörden Weisungen erteilen (Art. 85 Abs. 3 GG).

---

[1] BVerfG, 22. Juli 2014, 2 BvE 2/14, Rn. 40 ff.

Zudem üben die Bundesminister die Rechts- und Fachaufsicht über die ihrem Geschäftsbereich jeweils unterstellten Behörden aus.

Nach § 1 Abs. 1 Satz 2 Bundespolizeigesetz (BPolG) gehört die Bundespolizei zum Geschäftsbereich des Bundesinnenministeriums.

Und daraus ergibt sich eine große Machtfülle.

## Auswärtige Angelegenheiten

Die Bundesregierung ist grundsätzlich zuständig für alle „nichtvertraglichen Akte … gegenüber fremden Völkerrechtssubjekten“,[2] also insbesondere für den Verkehr mit ausländischen Staaten:

> „Die grundsätzliche Zuordnung der Akte des auswärtigen Verkehrs zum Kompetenzbereich der Exekutive beruht auf der Annahme, daß institutionell und auf Dauer typischerweise allein die Regierung in hinreichendem Maße über die personellen, sachlichen und organisatorischen Möglichkeiten verfügt, auf wechselnde äußere Lagen zügig und sachgerecht zu reagieren und so die staatliche Aufgabe, die auswärtigen Angelegenheiten verantwortlich wahrzunehmen, bestmöglich zu erfüllen.“[3]

> „Die Bundesregierung führt in eigener Kompetenz die Vertragsverhandlungen, hat das Initiativrecht für ein Zustimmungsgesetz im Sinne des Art. 59 Abs. 2 Satz 1 GG und bestimmt gegenüber dem Gesetzgeber den Vertragsinhalt, den dieser – sofern der Vertrag nicht Entscheidungsspielräume offenläßt – nur insgesamt billigen oder ablehnen

[2] BVerfG, 18. Dezember 1984, 2 BvE 13/83, BVerfGE 68, 1.

[3] BVerfG, 18. Dezember 1984, 2 BvE 13/83, BVerfGE 68, 1.

kann. Das Zustimmungsgesetz enthält auch nur eine Ermächtigung, beläßt also der Bundesregierung die Kompetenz zu entscheiden, ob sie den völkerrechtlichen Vertrag abschließt und nach seinem Abschluß völkerrechtlich beendet oder aufrechterhält ... Akte der auswärtigen Gewalt, die vom Tatbestand des Art. 59 Abs. 2 Satz 1 GG nicht erfaßt werden, sind grundsätzlich dem Kompetenzbereich der Regierung zugeordnet. Vom Zustimmungsrecht nicht erfaßt werden Verträge, die nicht dem Begriff des „politischen Vertrages" unterfallen – auch wenn sie bedeutsame Auswirkungen auf die inneren Verhältnisse der Bundesrepublik haben ... sowie alle nichtvertraglichen Akte der Bundesregierung gegenüber fremden Völkerrechtssubjekten, auch insoweit sie politische Beziehungen regeln."[4]

## Gesetzes-Initiativrecht

Obwohl sie Teil der Exekutive ist, kann die Bundesregierung Gesetzesvorlagen beim Bundestag einbringen (Art. 76 Abs. 1 GG). In der Praxis stammen die meisten Gesetzesvorlagen denn auch von der Bundesregierung. So wurden zwischen 1949 und 2009 ca. 73 % der Gesetzesvorlagen von der Bundesregierung eingebracht, 16 % vom Bundestag selbst und 11 % vom Bundesrat.[5]

## Auflösung des Bundestages

Die Bundesregierung kann den Bundestag zwar nicht direkt auflösen. Der Bundeskanzler kann aber über den Weg des Art. 68 Abs. 1 GG die Voraussetzungen schaffen, dass der Bundespräsident den Bundestag auflösen kann:

---

[4] BVerfG, 12 Juli 1994, 2 BvE 3/92, BVerfGE 90, 286.

[5] Bpb 2011.

**Art. 68 Abs. 1 GG**
Findet ein Antrag des Bundeskanzlers, ihm das Vertrauen auszusprechen, nicht die Zustimmung der Mehrheit der Mitglieder des Bundestages, so kann der Bundespräsident auf Vorschlag des Bundeskanzlers binnen einundzwanzig Tagen den Bundestag auflösen. Das Recht zur Auflösung erlischt, sobald der Bundestag mit der Mehrheit seiner Mitglieder einen anderen Bundeskanzler wählt.

Das geschah bislang viermal: 1972 (Brandt), 1983 (Kohl), 2005 (Schröder) und 2024 (Scholz).

### Gesetzgebungsnotstand

Wird der Bundestag nach einer „verlorenen" Vertrauensfrage nicht aufgelöst, kann die Bundesregierung beim Bundespräsidenten beantragen, für eine Gesetzesvorlage den „Gesetzgebungsnotstand" zu erklären (Art. 81 Abs. 1 GG). Lehnt der Bundestag die Gesetzesvorlage ab, gilt das Gesetz trotzdem als zustande gekommen, soweit der Bundesrat ihm zustimmt (Art. 81 Abs. 2 GG).

## Neu: Bundeswehr

Seit Gründung der Bundeswehr am 12. November 1955 verfügt die Bunderepublik Deutschland wieder über eine eigene Armee. Inhaber der obersten Kommandogewalt ist stets ein Mitglied der Bundesregierung: In Friedenszeiten hat der Verteidigungsminister gemäß Art. 65a Abs. 1 GG die Befehls- und Kommandogewalt über die Streitkräfte. Mit Verkündung des Verteidigungsfalls geht die Befehls- und Kommandogewalt gemäß Art. 115b GG auf den Bundeskanzler über.

## Neu: Kompetenzen im „Verteidigungsfall"

Durch die am 24. Juni 1968 in Kraft getretenen „Notstandsgesetze" wurden im Grundgesetz bestimmte Regelungen für den sogenannten Verteidigungsfall eingefügt (insbesondere der neue Abschnitt „X a. Verteidigungsfall" mit den Art.n 115a bis l).

Im Verteidigungsfall (= das Bundesgebiet wird mit Waffengewalt angegriffen oder es droht unmittelbar ein solcher Angriff, Art. 115a Abs. 1 Satz 1 GG) kann die Bundesregierung seitdem u. a. den Bundesgrenzschutz im gesamten Bundesgebiet einsetzen und den Landesregierungen und Landesbehörden Weisungen erteilen (Art. 115 f GG).

Bislang ist der Verteidigungsfall Gott sei Dank noch nicht eingetreten, sodass es sich hier um noch rein hypothetische Kompetenzen der Bundesregierung handelt.

## Mehr Einfluss auf die Gesetzgebung durch Informationsvorsprung gegenüber dem Bundestag

Wie bereits oben beschrieben, steht die Bundesregierung, bestehend aus dem Bundeskanzler und den Bundesministern, ganz oben in der Hierarchie der Exekutive auf Bundesebene. Die einzelnen Minister üben die Rechts- und Fachaufsicht über ihr Ministerium und die diesem jeweils zugeordneten oder unterstellten Bundesbehörden aus. Das bedeutet, dass die Mitglieder der Bunderegierung diese Behörden direkt leiten (Ministerien) oder über ein Weisungsrecht direkt Einfluss auf das Verhalten der Mitarbeiter nehmen können. Die nachgeordneten Behörden haben oft sehr viel mehr Mitarbeiter und einen deutlich höheren Etat als das Ministerium, dem sie zugeordnet sind.

**Tab. 5.1** Nachgeordnete Behörden des BMI

| | Mitarbeiter | Etat (€) |
|---|---|---|
| Bundespolizei | 52.691 | 4,6 Mrd. |
| Bundeskriminalamt (BKA) | 8720 | 999 Mio. |
| Bundesamt für Migration und Flüchtlinge (BAMF) | 8359 | 910 Mio. |
| Bundesverwaltungsamt | 5865 | 561 Mio. |
| Bundesamt für Verfassungsschutz | k.A. | 512 Mio. |
| Bundesanstalt Technisches Hilfswerk | 2246 | 417 Mio. |
| Statistisches Bundesamt | 2178 | 249 Mio. |
| Bundesamt für Sicherheit in der Informationstechnik | 1785 | 217 Mio. |
| Bundesamt für Bevölkerungsschutz und Katastrophenhilfe | 640 | 240 Mio. |
| Zentrale Stelle für Informationstechnik im Sicherheitsbereich | 341 | 75 Mio. |
| Bundeszentrale für politische Bildung | 422 | 102 Mio. |
| Bundesamt für Kartografie und Geodäsie | 341 | 77 Mio. |
| Hochschule des Bundes für öffentliche Verwaltung | 256 | 54 Mio. |
| Beschaffungsamt des BMI | 394 | 30 Mio. |
| Bundesamt für zentrale Dienste und offene Vermögensfragen mit Bundesausgleichsamt | 325 | 25 Mio. |
| Bundesinstitut für Bevölkerungsforschung | 45 | 9 Mio. |
| Bundesinstitut für Sportwissenschaft | 38 | 5 Mio. |
| **Gesamt** | **84.646** | **9,1 Mrd.** |

**Example** Im Bundesinnenministeriums arbeiten ca. 2000 Mitarbeiter bei einem Etat von 230 Mio. €.[6] Tab. 5.1 zeigt, welche nachgeordneten Behörden aktuell zum Bundesinnenministerium gehören.[7]

Seit 1949 hat sich der Komplex der den Bundesministerien nachgeordneten Behörden (= Ämter, Anstalten,

[6] Bundesministerium der Finanzen 2024a (S. 88).

[7] Bundesministerium der Finanzen 2024a.

Institute usw.) erheblich gewandelt und vergrößert. Seit Inkrafttreten des Grundgesetzes wurden zum Beispiel folgende Bundesbehörden neu errichtet:

- Bundesamt für Verfassungsschutz – 1950
- Bundesanstalt Technisches Hilfswerk (THW) – 1950
- Bundeskriminalamt (BKA) – 1951
- Bundesgrenzschutz– 1951 (seit 2005: Bundespolizei)
- Bundeszentrale für politische Bildung (bpb) – 1952
- Deutscher Wetterdienst (DWD) – 1952
- Bundesamt für Migration und Flüchtlinge (BAMF) – 1953 (damals: Bundesdienststelle für die Anerkennung ausländischer Flüchtlinge)
- Bundesamt für Wirtschaft und Ausfuhrkontrolle (BAFA) – 1954
- Bundesnachrichtendienst (BND) – 1956
- Militärischer Abschirmdienst – 1956
- Bundeskartellamt – 1958
- Bundeszentrale für gesundheitliche Aufklärung (BZgA) – 1967
- Universität der Bundeswehr München – 1973
- Umweltbundesamt – 1974
- Bundesamt für Strahlenschutz (BfS) – 1989
- Bundesamt für Sicherheit in der Informationstechnik (BSI) – 1991
- Bundesamt für Naturschutz (BfN) – 1993
- Bundesamt für Arzneimittel und Medizinprodukte – 1994
- Bundesanstalt für Arbeitsschutz und Arbeitsmedizin (BAuA) – 1996
- Bundesnetzagentur (BNetzA) – 1998
- Bundesinstitut für Risikobewertung (BfR) – 2002
- Bundesanstalt für Finanzdienstleistungsaufsicht (BaFin) – 2002

- Bundesamt für Bevölkerungsschutz und Katastrophenhilfe (BBK) – 2004
- Bundeszentralamt für Steuern (BZSt) – 2006
- Bundesamt für Justiz – 2007
- Bildungszentrum der Bundeswehr – 2013
- Informationstechnikzentrum Bund (ITZBund – 2016
- Zentrale Stelle für Informationstechnik im Sicherheitsbereich (ZITiS) – 2017
- Fernstraßenbundesamt – 2018
- Bundesamt für Auswärtige Angelegenheiten – 2021

Die Bundesregierung verfügt deshalb über zahlreiche Möglichkeiten, sich Informationen zu allen möglichen Lebensbereichen zu verschaffen. Zudem hat die Bundesregierung mittlerweile eine Vielzahl von Gremien mit externen Experten eingesetzt, die sie beraten (zum Beispiel den „Sachverständigenrat zur Begutachtung der gesamtwirtschaftlichen Entwicklung").

Über Kontakte zu befreundeten Staaten und Geheimdiensten sowie mit Hilfe der deutschen Botschaften im Ausland und der eigenen Nachrichtendienste erhält die Bundesregierung auch viele Informationen aus dem Ausland.

Zudem lassen sich die Mitglieder der Bundesregierung bzw. die ihnen unterstellten Ministerien und Behörden regelmäßig Gutachten von externen Sachverständigen erstellen. Für externe Beratungsleistungen hat die Bundesregierung zum Beispiel 2023 fast 240 Mio. € ausgegeben.[8]

Im Gegensatz dazu verfügt der Bundestag über eine wesentlich kleinere Ausstattung an Personal (ca. 3000

[8] epd. 2024.

Mitarbeiter)[9] und Budget (1,25 Mrd. €)[10] und kann den Abgeordneten deshalb auch nur relativ weniger Informationen und Gutachten zur Verfügung zu stellen.

Das hat zur Folge, dass sich der Wissens- und Informationsvorsprung der Bundesregierung gegenüber dem Bundestag seit 1949 erheblich vergrößert hat, vor allem wenn es um sehr komplexe und „technische" Gesetze geht. Zur Erinnerung: Als das Grundgesetz 1949 in Kraft getreten ist, gab es keine Computer, Satelliten, Internet, Digitalisierung und Künstliche Intelligenz. Es gab keine digitalen Konten, keinen Hochfrequenzhandel an der Börse, keine Globalisierung und keine Large Language Models wie ChatGPT & Co. Die Bundesrepublik Deutschland hatte mit der D-Mark eine eigene nationale Währung. Doch heute sieht das ganz anders aus: Durch Digitalisierung und Internet sind viele existenzielle Bereiche wesentlich komplexer, undurchschaubarer und verletzlicher geworden: Die Banken sind global vernetzt und schon der Zusammenbruch eines einzelnen Instituts im Ausland kann eine weltweite Wirtschafts- und Finanzkrise auslösen (z. B. Lehman Brothers 2008). Künstliche Intelligenz und selbst lernende System durchdringen immer weitere Lebensbereiche und treffen immer existenziellere Entscheidungen – doch wie die dahinterstehenden Algorithmen funktionieren ist selbst für Experten nicht immer nachvollziehbar. Gesetze, die sich mit solchen Themen beschäftigen, sind deshalb oft extrem kompliziert und für Laien kaum nachvollziehbar, weil sie sehr umfangreich sind und abstrakte technische Details enthalten. Exemplarisch dafür stehen folgende Gesetze:

---

[9] Bundesministerium der Finanzen 2024 (S. 44).

[10] Bundesministerium für Finanzen 2024 (S. 97, 103).

Einkommenssteuergesetz (EStG) – 286 Seiten
Gesetz über das Kreditwesen (KWG) – 208 Seiten

- Telekommunikationsgesetz (TKG) – 150 Seiten
- Gesetz über den Wertpapierhandel (WpHG) – 138 Seiten
- Erneuerbare-Energien-Gesetz (EEG) – 128 Seiten
- Umsatzsteuergesetz (UStG) – 94 Seiten
- Datenschutzgrundverordnung (DS-GVO) – 88 Seiten
- Lebensmittel-, Bedarfsgegenstände- und Futtermittelgesetzbuch (LFGB) – 67 Seiten

Der Durchschnitts-Bundestagsabgeordnete kann mit diesen Texten in der Regel nur wenig anfangen. Zwar gibt es die „Fachpolitiker", die sich in den entsprechenden Bundestagsausschüssen mit diesen Themen beschäftigen und sich nach einer gewissen Zeit eingearbeitet habe. Aber: In der Regel sind die Bundestagsabgeordneten nicht in der Lage, derart komplexe Gesetzentwürfe selbst zu erarbeiten – nicht einmal mit Hilfe der Juristen der Bundestagsverwaltung. Das schafft nur die Bundesregierung, weil sie dabei auf die vielen tausend Mitarbeiter in den Bundesministerien und den nachgeordneten Behörden zurückgreifen kann. So hatte zum Beispiel der Gesetzentwurf für das „Risikoreduzierungsgesetz (RiG)" vom 23.09.2020 (vollständiger Name: Gesetz zur Umsetzung der Richtlinien (EU) 2019/878 und (EU) 2019/879 zur Reduzierung von Risiken und zur Stärkung der Proportionalität im Bankensektor) einen Umfang von 208 Seiten und wurde von der Bundesregierung initiiert.[11]

Zwar kann jeder Gesetzesentwurf im parlamentarischen Verfahren durch die Bundestagsabgeordneten noch

[11] Bundestag 2020b.

verändert werden. Aber mit einem umfangreichen und komplizierten Gesetzesentwurf rammt die Bundesregierung erst einmal einen dicken Pflock ein, dessen wesentliche Vorgaben und Ziele dann in der Regel auch „durchkommen".

Hinzu kommt, dass viele der umfangreichen Gesetzesentwürfe so kompliziert formuliert sind, dass die Bundestagsabgeordneten in der Regel nur noch vertrauensvoll zustimmen können, ohne im Einzelnen zu verstehen, was sie damit eigentlich genau beschließen.

Der „Vertrag von Lissabon" (Gesamtumfang: 271 Seiten), der 2009 die EU-Verträge wesentlich reformierte, besteht zu einem ganz erheblichen Teil aus Formulierungen der folgenden Art:

> **KAPITALVERKEHR**
> 60) In Artikel 57 Absatz 2 werden die Worte „kann der Rat auf Vorschlag der Kommission mit qualifizierter Mehrheit Maßnahmen … beschließen" ersetzt durch „beschließen das Europäische Parlament und der Rat gemäß dem ordentlichen Gesetzgebungsverfahren Maßnahmen …" und werden die Worte „seiner Bemühungen" am Anfang des Absatzes 2 durch „ihrer Bemühungen" ersetzt. Der letzte Satz des Absatzes 2 wird Absatz 3 und erhält folgende Fassung:
>
> „(3) Abweichend von Absatz 2 kann nur der Rat gemäß einem besonderen Gesetzgebungsverfahren und nach Anhörung des Europäischen Parlaments Maßnahmen einstimmig beschließen, die im Rahmen des Unionsrechts für die Liberalisierung des Kapitalverkehrs mit Drittländern einen Rückschritt darstellen."

Dadurch hat die Bundesregierung seit 1949 faktisch einen immer weiter steigenden Anteil an der Gesetzgebung übernommen und ihre Macht in diesem Bereich auf Kosten des Bundestags erheblich ausgeweitet. Und das war noch längst nicht alles.

## Das „Spiel über die Bande" auf EU-Ebene

Wir haben bereits gesehen, dass die Zahl und damit auch der Einfluss der von der EU geschaffenen Gesetze immer weiter ansteigt – zum einen, weil bestimmte EU-Gesetze unmittelbar in Deutschland und den anderen Mitgliedstaaten als Gesetz gelten (insbesondere die Verordnungen), zum anderen, weil die Mitgliedstaaten verpflichtet sind, die in den EU-Richtlinien gemachten Vorgaben in nationale Gesetze umzusetzen.

Mit Hilfe der EU kann die Bundesregierung versuchen, Regelungen als EU-Recht durchzusetzen, für die sie in Deutschland keine eigene Mehrheit erreicht oder die in der Bevölkerung so unpopulär sind, dass künftige Wahlerfolge gefährdet erscheinen.

Und das geht so: Ausgangspunkt ist der „Europäische Rat". Dieser ist das „Leitungsorgan der EU"[12] und „gibt der Union die für ihre Entwicklung erforderlichen Impulse und legt die allgemeinen politischen Zielvorstellungen und Prioritäten hierfür fest" (Art. 15 Abs. 1 Satz 1 des Vertrags über die Europäische Union – EUV). Der Europäische Rat setzt sich zusammen aus den 27 Staats- und Regierungschefs der Mitgliedstaaten sowie dem Präsidenten des Europäischen Rates und dem Präsidenten der Kommission (Art. 15 Abs. 2 Satz 1 EUV). Der Bundeskanzler ist daher qua Amt Mitglied im Europäischen Rat. Schon wegen der überragenden Bedeutung der Bundesrepublik Deutschland für die EU (größte Volkswirtschaft,

[12] Streinz 2023 (Rn. 299).

größter EU-Nettozahler,[13] größte Bevölkerung) hat der Bundeskanzler faktisch einen erheblichen Einfluss auf die Ziele und Prioritäten der EU. Allerdings wird der Europäische Rat selbst nicht gesetzgeberisch tätig (Art. 15 Abs. 1 Satz 1 EUV).

Die meisten EU-Gesetze werden im Wege des „ordentlichen Gesetzgebungsverfahrens" (Art. 289 Abs. 1 des Vertrags über die Arbeitsweise der Europäischen Union – AEUV) geschaffen. Dabei hat die „Kommission" ein Initiativmonopol (Art. 17 Abs. 2 EUV), d. h., nur die Kommission kann das Gesetzgebungsverfahren einleiten und einen Entwurf der Verordnung oder Richtlinie erstellen. Anschließend müssen das Europäische Parlament (EP) und der Rat („Ministerrat") zustimmen.

Die an der EU-Gesetzgebung beteiligten Organe setzen sich aktuell wie folgt zusammen:

- Kommission: Jeweils ein Staatsangehöriger aus jedem der 27 Mitgliedstaaten.
- Rat: Jeweils ein Vertreter aus jedem der 27 Mitgliedstaaten (in der Regel der jeweilige Fachminister).
- Europäisches Parlament: 720 in den Mitgliedstaaten gewählte Abgeordnete (aus Deutschland: 96 Abgeordnete).

Die Mitglieder der Kommission sind formal von den Mitgliedstaaten unabhängig (Art. 17 Abs. 3 Satz 3 bis 5 EUV):

Die Kommission übt ihre Tätigkeit in voller Unabhängigkeit aus. Die Mitglieder der Kommission dürfen unbeschadet des Artikels 18 Absatz 2 Weisungen von einer

[13] Tagesschau 2022.

Regierung, einem Organ, einer Einrichtung oder jeder anderen Stelle weder einholen noch entgegennehmen. Sie enthalten sich jeder Handlung, die mit ihrem Amt oder der Erfüllung ihrer Aufgaben unvereinbar ist.

Sofern die Kommission nicht bereits aufgrund der Vorgaben des Europäischen Rats ein bestimmtes, von der Bundesregierung gewünschtes Gesetzesvorhaben von sich aus aufgreift, kann die Bundesregierung über den jeweiligen deutschen Kommissar oder über informelle Kanäle anregen, dass die Kommission entsprechend tätig wird. Liegt ein entsprechender Gesetzesvorschlag dann beim Rat vor, kann die Bundesregierung über den von ihr entsandten deutschen Vertreter so auf die Verordnung oder die Richtlinie einwirken, dass diese möglichst weitgehend ihren Vorstellungen entspricht. Zwar muss der Rat mit Mehrheit beschließen – aber auch hier kann die Bundesregierung ggf. inoffiziell Einfluss nehmen und versuchen, den Widerstand von Ländern, die eine Regelung ablehnen, zu überwinden (zum Beispiel durch Zugeständnisse in anderen Bereichen).

Da auf EU-Ebene nur die Bundesregierung handelt, wurden in Art. 23 Abs. 1a bis 7 GG eine Reihe von Regelungen eingeführt, um sicherzustellen, dass der Bundestag und der Bundesrat auch bei der Schaffung von EU-Recht ihren Einfluss geltend machen können. Nach Art. 23 Abs. 2 GG „wirken" der Bundestag und der Bundesrat in Angelegenheiten der Europäischen Union mit Die Bundesregierung muss daher u. a.

- den Bundestag und den Bundesrat „umfassend und zum frühestmöglichen Zeitpunkt" über geplante EU-Gesetze informieren,
- dem Bundestag Gelegenheit zur Stellungnahme geben – und zwar bevor der Vertreter der Bundesregierung im Rat an dem Gesetzesentwurf mitwirkt,

- die Stellungnahme des Bundestags bei den Verhandlungen berücksichtigen.

Details dazu sind im „Gesetz über die Zusammenarbeit von Bundesregierung und Deutschem Bundestag in Angelegenheiten der Europäischen Union (EUZBBG)" geregelt.

Meistens gibt der Bundestag nur eine „nicht verbindliche Stellungnahme" ab.[14] Die Bundesregierung muss die Stellungnahmen dann zwar „in ihre Entscheidungsbildung einbeziehen und sich mit ihr auseinandersetzen", ist aber nicht an den Inhalt gebunden.[15]

Die Bundesregierung kann daher faktisch immer wieder Regelungen als EU-Recht durchzusetzen,

- die in der deutschen Bevölkerung unpopulär sind oder
- für die es in Deutschland im Bundestag oder im Bundesrat keine Mehrheit gibt (insbesondere, wenn der Bundesrat durch die Opposition blockiert wird) oder
- die von deutschen Gerichten bereits als rechtswidrig eingestuft wurden oder die voraussichtlich am Bundesverfassungsgericht scheitern würden.

Ist so ein EU-Gesetz dann erst einmal in Kraft, kann die Bundesregierung aufkommende Proteste nach Brüssel umleiten und mit betroffener Miene erklären, dass man gegen die Bürokratie und die Vorgaben der EU leider machtlos sei.

---

[14] Jarass und Kment 2022 (Art. 23 Rn. 58).

[15] Jarass und Kment 2022 (Art. 23 Rn. 58).

# Der Bundespräsident

Der Bundespräsident ist das Staatsoberhaupt Deutschlands und steht protokollarisch an erster Stelle – vor Bundestagspräsident, Bundeskanzler, Bundesratspräsident und dem Präsidenten des Bundesverfassungsgerichts.

## Aufgaben und Kompetenzen des Bundespräsidenten

Der Bundespräsident

> „repräsentiert Staat und Volk der Bundesrepublik Deutschland nach außen und innen und soll die Einheit des Staates verkörpern ... In Erfüllung seiner Repräsentations- und Integrationsaufgabe obliegt es dem Bundespräsidenten, im Interesse der Wahrung und Förderung des Gemeinwesens das Wort zu ergreifen und die Öffentlichkeit durch seine Beiträge auf von ihm identifizierte Missstände und Fehlentwicklungen – insbesondere solche, die den Zusammenhalt der Bürger und das friedliche Zusammenleben aller Einwohner gefährden – aufmerksam zu machen sowie um Engagement bei deren Beseitigung zu werben.“[16]

Seine weiteren Aufgaben sind v. a. in Art. 54 bis 61 GG geregelt. Der Bundespräsident

- vertritt den Bund völkerrechtlich (Art. 59 Abs. 1 Satz 1),
- schließt im Namen des Bundes die Verträge mit auswärtigen Staaten (Art. 59 Abs. 1 Satz 2 GG),
- beglaubigt und empfängt diplomatischen Vertreter (Art. 59 Abs. 1 Satz 3 GG),

[16] BVerfG, 10. Juni 2014, 2 BvE 4/3, Rn. 22, 28.

- ernennt und entlässt die Bundesrichter, Bundesbeamten, Offiziere und Unteroffiziere (Art. 60 Abs. 1 GG),
- übt auf Bundesebene das Begnadigungsrecht aus (Art. 60 Abs. 2 GG),
- fertigt Bundesgesetze durch seine Unterschrift aus und lässt sie durch Bekanntmachung im Bundesgesetzblatt verkünden (Art. 82 Abs. 1 GG),
- schlägt dem Deutschen Bundestag einen Kandidaten als Bundeskanzler zur Wahl vor, ernennt und entlässt ihn (Art. 63 Abs. 1 und 2 GG, Art. 67 Abs. 1 Satz 2 GG),
- ernennt und entlässt auf Vorschlag des Bundeskanzlers die Bundesminister (Art. 64 Abs. 1 GG),
- entscheidet nach dreimalig gescheiterter Kanzlerwahl oder nach einer gescheiterten Vertrauensfrage über die Auflösung des Deutschen Bundestages (Art. 63 Abs. 4 Satz 3, 68 Abs. 1 Satz 1 GG).

Zudem ist er „aus der Natur der Sache" (= ohne ausdrückliche gesetzliche Regelung) dazu befugt, Statussymbole festzulegen und Staatsakte anzuordnen.[17]

Im Vergleich zum US-Präsidenten oder dem französischen Präsidenten hat der Bundespräsidenten eine relativ schwache Stellung. Das zeigt sich insbesondere durch die Regelung in Art. 58 Satz 1 GG, wonach grundsätzlich jede Maßnahme des Bundespräsidenten vom Bundeskanzler oder einem Bundesminister gegengezeichnet werden muss:

Anordnungen und Verfügungen des Bundespräsidenten bedürfen zu ihrer Gültigkeit der Gegenzeichnung durch den Bundeskanzler oder durch den zuständigen Bundesminister.

Diese untergeordnete Rolle des Bundespräsidenten war vom Parlamentarischen Rat auch ausdrücklich gewollt.

[17] Jarass und Kment 2022 (Art. 54 Rn. 2).

Der Bundespräsident sollte im Vergleich zum Bundeskanzler keine besondere politische Macht haben und nicht direkt vom Volk gewählt werden. An den grundgesetzlichen Regelungen hat sich seit 1949 im Wesentlichen nichts geändert. Die größte Neuerung ist, dass der Bundespräsident im Verteidigungsfall

- verkündet, dass der Verteidigungsfall festgestellt worden und eingetreten ist (Art. 115a Abs. 3 Satz 1 GG),
- mit Zustimmung des Bundestags oder des Gemeinsamen Ausschusses völkerrechtliche Erklärungen über das Bestehen des Verteidigungsfalls abgibt, wenn ein Angriff erfolgt (Art. 115a Abs. 5 GG) und
- dem Gemeinsamen Ausschuss einen neuen Bundeskanzler vorschlägt, wenn eine Neuwahl des Bundeskanzlers durch den Gemeinsamen Ausschuß erforderlich wird (Art. 115h Abs. 2 Satz 1 GG).

Läuft im Verteidigungsfall die Amtszeit des Bundespräsidenten ab, endet sie neun Monate nach Beendigung des Verteidigungsfalls (Art. 115h Abs. 1 Satz 2 GG).

Die Wahl des Bundespräsidenten durch die „Bundesversammlung" hat sich in den letzten Jahren immer mehr zu einer Show-Veranstaltung entwickelt, bei der die etablierten Parteien altgediente Parteigranden sowie Stars und Sternchen aus Showbiz, Unterhaltung und Sport als Vertreter der Landtage entsenden. So waren bei der Bundesversammlung 2022 u. a. Sibel Kekilli (Schauspielerin), Marcus Mittermeier (Schauspieler und Regisseur), Igor Levit (Pianist), Dieter Nuhr (Kabarettist), Hansi Flick (Fußball-Trainer), Britta Steffen (Schwimm-Olympiasiegerin), Roland Koch (ehemaliger hessischer Ministerpräsident), Angela Merkel (ehemalige Bundeskanzlerin), Horst Seehofer (ehemaliger Ministerpräsident von Bayern und Bundesinnenminister) und Friede

Springer (Hauptaktionärin des Axel-Springer-Verlags) als Vertreter der Landesparlamente entsandt.[18]

## Theoretisch könnte der Bundespräsident erheblichen Einfluss nehmen

Die schwache Stellung des Bundespräsidenten wird in der Regel als gegeben angenommen und nicht weiter hinterfragt – zu Unrecht. Theoretisch könnte das aber auch ganz anders gehen. Ein entschlossener Amtsinhaber könnte durch die konsequente Ausübung seiner verfassungsmäßigen Befugnisse erheblichen Einfluss auf das politische Geschehen nehmen.

### Blockieren erlaubt – das materielle Prüfungsrecht

Zum einen könnte der Bundespräsident die Gesetze vor ihrer Ausfertigung konsequent auf ihre Vereinbarkeit mit dem Grundgesetz überprüfen. Juristen nennen das „materielles Prüfungsrecht".In Art. 82 Abs. 1 Satz 1 GG ist bestimmt, dass der Bundespräsident die „nach den Vorschriften dieses Grundgesetzes zustande gekommenen Gesetze" ausfertigt und im Bundesgesetzblatt verkündet. Was aus der Formulierung „nach den Vorschriften dieses Grundgesetzes zustande gekommen" folgt, ist unter Juristen nicht endgültig geklärt. Einigkeit besteht jedenfalls darin, dass der Bundespräsident prüfen muss, ob ein Gesetz „formell" rechtmäßig ist, ob also das im Grundgesetz vorgesehene Verfahren eingehalten wurde. Umstritten ist, ob der Bundespräsident die Gesetze auch „materiell" prüfen kann

[18] Alberti 2022.

oder muss, also dahingehend, ob sie mit dem Grundgesetz insgesamt übereinstimmen und zum Beispiel nicht gegen Grundrechte verstoßen. Das ist vom Wortlaut zweifellos gedeckt und wird von vielen Rechtswissenschaftlern auch bejaht.[19] Ein aktiver Bundespräsident könnte sich deshalb diese Ansicht zu eigen machen und prinzipiell nur solche Gesetze ausfertigen und im Gesetzblatt verkünden, die nach seiner Einschätzung zweifellos mit dem Grundgesetz vereinbar sind. Wenn Gesetze, die später vom Bundesverfassungsgericht für verfassungswidrig erklärt werden, gar nicht erst in Kraft treten, erspart dies den betroffenen Bürgern so manche unnötige Last.

2003 beschloss die rot-grüne Bundesregierung die Hartz-IV-Gesetze, die später in Teilen für verfassungswidrig erklärt wurden. Hätte Bundespräsident Johannes Rau (SPD) die Ausfertigung verweigert, hätte das Bundesverfassungsgericht womöglich schon damals entschieden – und Millionen Menschen hätten nicht jahrelang einen zu niedrigen Regelsatz erhalten.

In der Praxis haben die Bundespräsidenten ihr Prüfungsrecht jedoch kaum genutzt. Gerade neunmal haben die bisherigen zwölf Bundespräsidenten in den letzten 76 Jahren von ihrem Prüfungsrecht Gebrauch gemacht und die Ausfertigung eines Gesetzes verweigert.

Zweimal fehlte nach Einschätzung des amtierenden Bundespräsidenten die erforderliche Zustimmung des Bundesrats:

- Gesetz über die Verwaltung der Einkommen- und Körperschaftsteuer (1951, Theodor Heuss)
- Gesetz zur Erleichterung der Wehrdienstverweigerung (1976, Walter Scheel)

[19] Jarass und Kment 2022 (Art. 82 Rn. 3).

Zweimal weigerte sich Gustav Heinemann, weil er die erforderliche Gesetzgebungskompetenz des Bundes vermisste:

- Ingenieurgesetz (1969)
- Architektengesetz (1970)

Und fünfmal waren die Bundespräsidenten davon überzeugt, dass ein Gesetz verfassungswidrig ist:

- Gesetz gegen den Betriebs- und Belegschaftshandel (1961, Heinrich Lübke)
- 10. Gesetz zur Änderung des Luftverkehrsgesetzes (1991, Richard von Weizsäcker)
- Gesetz zur Neuregelung der Flugsicherung (2006, Horst Köhler)
- Verbraucherinformationsgesetz (2006, Horst Köhler)
- Gesetz zur Bekämpfung des Rechtsextremismus und der Hasskriminalität (2020, Frank Walter Steinmeier)

Zum Vergleich: Im Zeitraum 1990 bis 2021 hat das Bundesverfassungsgericht 187 vom Bundestag verabschiedete Gesetze für verfassungswidrig erklärt.[20]

Letztlich kam es dadurch aber nie zu ernsthaften Konflikten mit der Bundesregierung. Heinrich Lübke verweigerte 1961 die Ausfertigung im Einklang mit Kanzler Adenauer, der das Gesetz selbst wegen verfassungsrechtlicher Bedenken monatelang zurückgehalten hatte.[21] Richard von Weizsäcker unterzeichnete das Gesetz doch noch, nachdem Bundestag und Bundesrat das Grundgesetz entsprechend ergänzt hatten (Art. 87d Abs. 1 Satz 2 GG).

---

[20] Deutscher Bundestag 2022b.

[21] Der Spiegel 1961.

Horst Köhler schlug eine verfassungsgemäße Neufassung vor.[22] Und Frank-Walter Steinmeier stützte seine Ablehnung auf ein Gutachten des Wissenschaftlichen Dienstes des Bundestages, das die Übermittlung von Bestandsdaten, die durch die Zuordnung von IP-Adressen gewonnen wurden, als verfassungswidrig einstufte.[23]

Fazit: Das materielle Prüfungsrecht ist bis heute ein kaum genutztes, aber verfassungsrechtlich angelegtes Machtinstrument. Richtig eingesetzt, könnte es den Bundespräsidenten zu einem wirksamen Hüter der Verfassung machen – lange bevor das Bundesverfassungsgericht überhaupt angerufen wird.

## Zwischen Recht und Moral – das Begnadigungsrecht

Das Begnadigungsrecht des Bundespräsidenten ist in Artikel 60 Absatz 2 des Grundgesetzes verankert. Es erlaubt ihm, „im Einzelfall eine rechtskräftig erkannte Strafe ganz oder teilweise zu erlassen, sie umzuwandeln oder ihre Vollstreckung auszusetzen".[24] Zuständig ist er allerdings nur bei Bundesstrafsachen, also dann, wenn ein Verfahren in erster Instanz vor dem Bundesgerichtshof oder vor einem Oberlandesgericht im Wege der Organleihe geführt wurde. Typisch sind schwere Staatsschutzdelikte wie Hochverrat, Spionage, Terrorismus oder Völkermord. Daneben kann der Bundespräsident in Disziplinarverfahren gegen Bundesbeamte, Bundesrichter oder Soldaten des Bundes Gnade gewähren. In allen anderen Fällen liegt das Begnadigungsrecht bei den Ländern. In der Praxis wird das Gnadenrecht äußerst diskret gehandhabt. Weder die

[22] Der Bundespräsident 2006.

[23] Deutscher Bundestag 2020a (S. 35).

[24] BVerfG, 23. April 1969, 2 BvR 552/63, C. I. Nr. 2.

Zahl der Gnadengesuche noch Namen, Taten oder Zeitpunkte der Begnadigungen werden veröffentlicht. Auch wie oft es überhaupt angewendet wird, bleibt im Dunkeln. Nur einzelne prominente Fälle wurden öffentlich bekannt, etwa die Begnadigung der RAF-Mitglieder Verena Becker (1989) durch Richard von Weizsäcker oder Adelheid Schulz (2002) durch Johannes Rau. Christian Klar hingegen wurde 2007 von Horst Köhler nicht begnadigt. Zwischen 2017 und 2022 entschied Frank-Walter Steinmeier in 15 Gnadenverfahren – mehr ist über deren Inhalt aber nicht bekannt.[25] Das ist umso bemerkenswerter, als Strafverfahren in Deutschland grundsätzlich öffentlich geführt werden. Wenn die Öffentlichkeit ein Recht darauf hat, zu erfahren, ob jemand verurteilt wurde und zu welcher Strafe, dann sollte sie auch ein Recht darauf haben, zu erfahren, wenn diese Strafe nachträglich heimlich erlassen, gemildert oder ausgesetzt wird. Andernfalls entsteht ein rechtsstaatlich fragwürdiges Ungleichgewicht: Der Schuldspruch ist öffentlich – der Gnadenakt bleibt geheim. Das aber kann das Vertrauen in den Rechtsstaat untergraben und die Bürger über die tatsächliche Durchsetzung des Strafrechts täuschen. Ein Gerichtsurteil aus dem Jahr 2024 stellte jedoch klar: Der Bundespräsident handelt bei der Gnadenentscheidung nicht als Behörde, sondern als Verfassungsorgan – eine Auskunftspflicht gegenüber der Öffentlichkeit besteht daher nicht.[26] Kritiker sehen darin ein undurchsichtiges und überkommenes Majestätsrecht, das rechtsstaatlicher Kontrolle weitgehend entzogen ist. Besonders brisant erscheint die Vorstellung, ein Bundespräsident mit extremen politischen Ansichten – etwa ein AfD-Amtsinhaber – könne eine rechtsextreme

---

[25] Kolter 2024.

[26] OLG Berlin-Brandenburg, 4. April 2024, 6 B 18/22.

Täterin wie Beate Zschäpe begnadigen, ohne dass dies öffentlich bekannt werden müsste.[27] Anders als in den USA kann der Bundespräsident in Deutschland niemanden eigenständig begnadigen – jede Gnadenentscheidung bedarf nach Artikel 58 des Grundgesetzes der Gegenzeichnung durch den Bundeskanzler oder den zuständigen Minister, meist den Justizminister. Damit ist das Gnadenrecht in ein System politischer Verantwortung eingebettet, das willkürliche Entscheidungen verhindert. In den USA hingegen sind Einzelfall- und Sammelbegnadigungen alleinige Sache des Präsidenten. So begnadigte Joe Biden 2024 seinen Sohn Hunter, der wegen Steuervergehen und illegalem Waffenbesitz bereits schuldig gesprochen war bzw. sich schuldig bekannt hatte und dem eine mehrjährige Haftstrafe drohte.[28] Donald Trump sprach 2025 pauschale Begnadigungen für die mehr als 1500 Personen aus, die am 6. Januar 2021 das Kapitol gestürmt hatten, darunter auch Personen, die zu Haftstrafen von über 15 Jahren verurteilt worden waren.[29] Solche eigenmächtigen Entscheidungen sind in Deutschland verfassungsrechtlich ausgeschlossen. Gleichwohl könnte ein Bundespräsident das Begnadigungsrecht gezielt nutzen, um seine politische Relevanz zu steigern. Durch die Auswahl symbolträchtiger Fälle – etwa Whistleblower, politische Aktivisten oder Personen mit auffällig harten Urteilen – ließe sich moralische Autorität aufbauen und öffentlicher Druck erzeugen. Verweigert die Bundesregierung die Gegenzeichnung, müsste sie dies begründen – eine Gelegenheit für den Präsidenten, sich als mahnende Instanz zu inszenieren. Auch taktisch wäre Spielraum vorhanden, etwa durch abgestufte

[27] Kolter 2024.

[28] LTO 2024.

[29] LTO 2025.

Gnadenvorschläge oder bewusste Öffentlichkeitsarbeit. So könnte aus einem altmodisch anmutenden Gnadenrecht ein modernes Instrument politischer Wirkung werden – mit dem der Bundespräsident weit über seine repräsentative Rolle hinaus Einfluss auf gesellschaftliche Debatten nehmen könnte.

## Taktik statt Krise – die Auflösung des Bundestags

Nach Artikel 68 Absatz 1 GG kann der Bundespräsident den Bundestag auflösen, wenn ein Kanzler die Vertrauensfrage stellt und keine Mehrheit erhält. Diese Möglichkeit wurde bislang viermal genutzt – 1972 (Brandt), 1983 (Kohl), 2005 (Schröder) und 2024 (Scholz) – jeweils mit dem machttaktischen Ziel, Neuwahlen auszulösen. In allen Fällen haben sich die Bundespräsidenten – trotz ihres verfassungsrechtlichen Ermessens – dem politischen Kalkül des Kanzlers gebeugt und den Bundestag aufgelöst. Ein selbstbewusster Bundespräsident könnte diese selten geforderte, aber machtvolle Kompetenz stärker nutzen – etwa um parteipolitisch motivierte Manöver zu blockieren. Wenn ein Kanzler die Vertrauensfrage absichtlich verliert, ohne dass eine echte Regierungskrise besteht, könnte der Bundespräsident die Auflösung verweigern – mit Verweis auf die Stabilität der Regierungsmehrheit oder die Missachtung des Verfahrenszwecks. Denkbar wären etwa Szenarien, in denen ein Kanzler durch taktische Neuwahlen einem unliebsamen Koalitionspartner entkommen oder eine erstarkende Opposition frühzeitig ausbremsen will. Der Bundespräsident könnte dann als Schutzinstanz des Parlaments auftreten und den Missbrauch eines Verfassungsinstruments abwehren – zum Wohl einer funktionierenden Demokratie.Ebenso ist denkbar, dass der Bundespräsident die Auflösung nicht kategorisch verweigert, sondern an ein politisches Entgegenkommen des Kanzlers knüpft. Zwar kann er keine rechtsverbindlichen Bedingungen stellen, wohl aber öffentlich oder informell auf bestimmte Zusagen hinwirken. So könnte er etwa die Ablösung eines umstrittenen Ministers oder die Einbindung unabhängiger Persönlichkeiten in ein künftiges Kabinett verlangen oder die Erklärung, keine Kooperation mit extremistischen Parteien einzugehen. Solche Forderungen wären zwar nicht rechtlich durchsetzbar, könnten aber erhebliche politische Wirkung entfalten. Der Bundespräsident würde so das Auflösungsrecht nicht blockierend, sondern gestaltend nutzen – als moralische Instanz mit verfassungsloyaler Verantwortung. Damit könnte er das Amt deutlich aufwerten und einen Beitrag zur Stabilisierung der Demokratie leisten, gerade in politisch aufgeheizten Zeiten.

## Keine Unterschrift, kein Gesetz

Ein Bundesgesetz tritt nur in Kraft, wenn es vom Bundespräsidenten ausgefertigt und im Bundesgesetzblatt verkündet wurde – so verlangt es Art. 82 Absatz 1 des Grundgesetzes. Mit der **Ausfertigung**bestätigt der Bundespräsident, dass das Gesetz ordnungsgemäß zustande gekommen ist, und versieht es mit seiner Unterschrift. Erst nach der **Verkündung,** also der Veröffentlichung im Bundesgesetzblatt, wird das Gesetz verbindlich. Ohne Ausfertigung und Verkündung bleibt ein Gesetz rechtlich wirkungslos. Das Grundgesetz kennt keine Frist, innerhalb derer der Bundespräsident ein Gesetz ausfertigen muss. Man geht einfach davon aus, dass der Bundespräsident die Ausfertigung eines formell beschlossenen und nicht offensichtlich verfassungswidrigen Gesetzes nicht absichtlich und dauerhaft verzögert. In der Praxis geschieht dies auch meist innerhalb weniger Tage oder Wochen. In Krisenzeiten könnte der Bundespräsident seine Rolle im Gesetzgebungsverfahren aber nutzen, um die Demokratie aktiv zu schützen. Würde eine autoritär gesinnte Bundestagsmehrheit Gesetze zum Umbau des Staates in eine illiberale Demokratie oder gar Diktatur beschließen – wie in Polen oder Ungarn – könnte er die Ausfertigung schlicht verweigern. Dafür braucht er keine Gegenzeichnung (Art. 58 GG) und wäre in diesem Punkt unabhängig. Eine verfassungsfeindliche Mehrheit müsste ihn erst vor dem Bundesverfassungsgericht verklagen – ein zeitraubender Prozess. So könnte der Bundespräsident verhindern, dass ein autoritäres Regime unter dem Deckmantel rechtsstaatlicher Verfahren in kürzester Zeit die freiheitliche Ordnung demontiert oder Grundrechte abschafft. Denn bis das Bundesverfassungsgericht eingreift, müssten sich die Betroffenen oft über Jahre hinweg durch die Instanzen klagen – während verfassungswidrige Gesetze bereits vollzogen werden und Fakten schaffen.

## Symbolisch statt machtvoll: Der Bundespräsident in der Praxis

Trotz der erheblichen Gestaltungsmöglichkeiten, die der Bundespräsident hätte, wenn er seine verfassungsmäßigen Kompetenzen konsequent nutzen würde, beschränkt sich seine Rolle in der Praxis meist auf repräsentative Pflichten. Er fungiert weitgehend als „Staatsnotar" – und wird nicht selten als „oberster Grüß-August"[30] verspottet.Ernsthafte Konflikte mit der Bundesregierung oder dem Bundestag sind nicht bekannt. Die meisten Präsidenten bleiben daher

[30] Appenzeller 2012.

vor allem durch markante oder originelle Zitate im kollektiven Gedächtnis – nicht durch politische Einflussnahme oder verfassungsrechtliches Profil.

- „Ich liebe nicht den Staat, ich liebe meine Frau." – Gustav Heinemann (SPD)
- „Der 8. Mai war ein Tag der Befreiung." – Richard von Weizsäcker (CDU)
- „Durch Deutschland muss ein Ruck gehen." – Roman Herzog (CDU)
- „Versöhnen statt spalten." – Johannes Rau (SPD)
- „Der Islam gehört inzwischen auch zu Deutschland." – Christian Wulff (CDU)

Nur an Horst Köhler erinnert man sich weniger wegen seiner Reden als vielmehr deshalb, weil er am 31. Mai 2010 überraschend als erster Bundespräsident der Bundesrepublik zurücktrat.

## Applaus und Ehrensold – Braucht Deutschland einen Bundespräsidenten?

Wenn man ehrlich ist, hat sich bislang kein Bundespräsident durch eigene Taten oder wegweisende Entscheidungen hervorgetan. De facto ist das Amt oft eine Versorgungslösung für verdiente Parteisoldaten – gut bezahlt, weitgehend folgenlos und mit lebenslangem Ehrensold in Höhe der Amtsbezüge belohnt.[31]

Fun Fact: Das Gehalt des Bundespräsidenten („Amtsbezüge") ist gesetzlich nicht festgelegt. Seine Höhe („10/9 des Amtsgehalts

[31] § 1 des Gesetzes über die Ruhebezüge des Bundespräsidenten (BPräsRuhebezG).

des Bundeskanzlers“)[32] ergibt sich nur aus einer „Erläuterung“ zu Titel F 421 01-011 im Einzelplan 0101 des jährlichen Bundeshaushaltsgesetzes. Aktuell betragen die Amtsbezüge 277.000 € pro Jahr (= 23.000 € im Monat).[33] Hinzu kommt eine Aufwandsentschädigung von 78.000 € pro Jahr (= 6500 € im Monat) zum Beispiel „für Löhne des Hauspersonals für die Amtswohnung des Bundespräsidenten“.[34]

Aber im Ernst: Brauchen wir das noch? Alle Aufgaben des Bundespräsidenten könnten auch von anderen Staatsorganen übernommen werden:

- Völkerrechtliche Vertretung und Vertragsabschluss: Bundeskanzler oder Außenminister
- Empfang und Beglaubigung von Diplomaten: Außenminister
- Ernennung von Bundesbeamten, Richtern und Soldaten: der jeweils zuständige Fachminister
- Begnadigungsrecht: Bundeskanzler oder Justizminister
- Ausfertigung Verkündung von Gesetzen: Bundestagspräsident
- Kanzlerwahl: Kandidatenvorschläge durch Fraktionen des Bundestags
- Ernennung und Entlassung des Bundeskanzlers: Bundestagspräsident
- Ernennung und Entlassung von Ministern: Bundeskanzler
- Entscheidung über Bundestagsauflösung nach gescheiterter Kanzlerwahl oder Vertrauensfrage: Bundestag

Dass dies funktioniert, zeigt der Blick auf die Bundesländer: Keines der 16 Länder hat einen „Landespräsidenten“,

[32] Deutscher Bundestag 2022a (S. 130).

[33] Bundesministerium der Finanzen 2024b (S. 7).

[34] Deutscher Bundestag 2022a (S. 131).

und trotzdem läuft der Verfassungsbetrieb reibungslos – weil eben andere staatliche Organe die entsprechenden Aufgaben übernehmen.

All das spricht für die Abschaffung des Amtes – es sei denn, der Bundespräsident würde seine im Grundgesetz angelegten Kompetenzen wirklich nutzen: Gesetze konsequent auf Verfassungsmäßigkeit prüfen, problematische Ausfertigungen verweigern, das Grundgesetz gegen autoritäre Tendenzen verteidigen.Dazu müsste er aber mehr Unabhängigkeit haben – etwa durch eine Direktwahl durch das Volk. Denn die Wahl durch die Bundesversammlung (die aus allen Abgeordneten des Bundestags **und gleich vielen Mitgliedern**, die von den **Landtagen** gewählt werden, besteht) sichert bislang nur den Sieg eines Kandidaten aus dem jeweils führenden politischen Lager. Bis auf Joachim Gauck waren alle bisherigen Amtsinhaber denn auch Mitglieder von CDU, SPD oder FDP. Eine Direktwahl würde auch unabhängigen Persönlichkeiten den Zugang zum Amt ermöglichen – mit frischem Blick von außen und der Bereitschaft, politischen Machtträgern Grenzen zu setzen. Dann hätte das Amt des Bundespräsidenten tatsächlich Potenzial – und die 58 Millionen €, die das Amt des Bundespräsidenten die Steuerzahler jedes Jahr kostet,[35] wären gut investiert.

## Fazit

- Die Bundesregierung hat ihre Machtstellung im Vergleich zu 1949 stark ausgebaut.
- Das beruht zum einen auf dem riesigen Informationsvorsprung, den die Bundesregierung gegenüber dem Bundestag und allen anderen Verfassungsorganen hat.

[35] Bundesministerium der Finanzen 2024b (S. 3).

- Zudem kann die Bundesregierung effektiv auf den Gesetzgebungsprozess im Rahmen der EU einwirken.
- Dagegen gibt es beim Bundespräsidenten nichts Neues. Er gibt nach wie vor den „Staatsnotar“, hält Reden und reist repräsentierend durch die Welt.

## Literatur

Alberti, Ines. 2022. Bundesversammlung: Diese Prominenten wählen den Bundespräsidenten. Frankfurter Rundschau. https://www.fr.de/politik/welche-prominenten-waehlen-bundespraesidenten-bundesversammlung-leon-goretzka-christian-drosten-angela-merkel-91261345.html. Zugegriffen: 3. Mai 2025.

Appenzeller, Gerd. 2012. Deutschland braucht keinen obersten Grüßaugust mehr. Der Tagesspiegel. https://web.archive.org/web/20211017185951/http://www.tagesspiegel.de/zeitung/der-naechste-praesident-deutschland-braucht-keinen-obersten-gruessaugust-mehr/6227262.html. Zugegriffen: 3. Mai 2025.

bpb. 2011. Spicker Politik Nr. 3 – Gesetzgebung. Bundeszentrale für politische Bildung. https://www.bpb.de/system/files/pdf/N5QY86.pdf. Zugegriffen: 3. Mai 2025.

Bundesministerium der Finanzen. 2024. Entwurf zum Bundeshaushaltsplan 2025. https://www.bundeshaushalt.de/static/daten/2025/soll/draft/Vorspann.pdf . Zugegriffen: 3. Mai 2025.

Bundesministerium der Finanzen. 2024a. Entwurf zum Bundeshaushaltsplan 2025 – Einzelplan 06 – Bundesministerium des Innern und für Heimat. Zugegriffen: 3. Mai 2025.

Bundesministerium der Finanzen. 2024b. Entwurf zum Bundeshaushaltsplan 2025 – Einzelplan 01 – Bundespräsident und Bundespräsidialamt. Zugegriffen: 3. Mai 2025.

Der Bundespräsident. 2006. Bundespräsident Horst Köhler fertigt Gesetz zur Neuregelung des Rechts der Verbraucherinformation nicht aus.https://www.bundespraesident.de/DE/

amt-und-aufgaben/aufgaben-in-deutschland/Entscheidung-Dezember-2006.html . Zugegriffen: 3. Mai 2025.

Der Spiegel. 1961. Halt im Kanzleramt. Spiegel.de https://www.spiegel.de/politik/halt-im-kanzleramt-a-7a6a9f97-0002-0001-0000-000043364857. Zugegriffen: 3. Mai 2025.

Deutscher Bundestag. 2020a. Mögliche Auswirkungen des Beschlusses des Bundesverfassungsgerichts vom 27. Mai 2020, 1 BvR 1873/13 – Bestandsdatenauskunft II – auf das Gesetz zur Bekämpfung des Rechtsextremismus und der Hasskriminalität (BT-Drs. 19/17741 und 19/20163) und das Netzwerkdurchsetzungsgesetzänderungsgesetz. https://www.bundestag.de/resource/blob/691848/3be358ed1c526e33c946a453f0b60aaa/WD-10-037-20-pdf-data.pdf. Zugegriffen: 3. Mai 2025.

Deutscher Bundestag. 2020b. Drucksache 19/22786. https://dserver.bundestag.de/btd/19/227/1922786.pdf. Zugegriffen: 3. Mai 2025.

Deutscher Bundestag 2022a. Drucksache 20/1000. https://dserver.bundestag.de/btd/20/010/2001000.pdf. Zugegriffen: 3. Mai 2025.

Deutscher Bundestag. 2022b. DHB Kapitel 10.6 Für nichtig oder verfassungswidrig erklärte Bundesgesetze. https://www.bundestag.de/resource/blob/274408/d4a4d2fd95c0384b1a491a62cbd17488/Kapitel_10_06_F__r_nichtig_oder_verfassungswidrig_erkl__rte_Bundesgesetze-pdf-data.pdf. Zugegriffen: 3. Mai 2025.

epd. 2024. Fast 240 Millionen Euro für externe Berater der Bundesregierung. https://www.evangelisch.de/inhalte/236701/30-11-2024/fast-240-millionen-euro-fuer-externe-berater-der-bundesregierung. Zugegriffen: 3. Mai 2025.

Jarass, Hans D. und Kment, Martin. 2022. Grundgesetz für die Bundesrepublik Deutschland – Kommentar. München: Verlag C.H. Beck.

Kolter, Max. 2024. „Gnade vor Recht?" bleibt Geheimnis des Bundespräsidenten. LTO – Legal Tribune Online. https://www.lto.de/recht/hintergruende/h/ovg-berlin-brandenburg-6b1822-frag-den-staat-auskunftsklage-begnadigung-bundespraesident. Zugegriffen: 3. Mai 2025.

LTO – Legal Tribune Online. 2024. Joe Biden begnadigt seinen Sohn. https://www.lto.de/recht/nachrichten/n/usa-joe-biden-begnadigung-hunter-biden-praesidentschaft-donald-trump-justiz. Zugegriffen: 3. Mai 2025.

LTO – Legal Tribune Online. 2025. 1500 Begnadigungen, Abschaffung des „Birthright" und TikTok Comeback. https://www.lto.de/recht/nachrichten/n/trump-usa-dekrete-begnadigungen-staatsbuergerschaft. Zugegriffen: 3. Mai 2025.

Streinz, Rudolf. 2023. Europarecht. Heidelberg: C.F. Müller GmbH

Tagesschau. 2022. Deutschland zahlt so viel wie nie zuvor. Tagesschau.de https://www.tagesschau.de/ausland/europa/deutschland-eu-haushalt-101.html. Zugegriffen: 3. Mai 2025.

# 6

# Die Judikative: Wie hat sich die (Macht-)Stellung des Bundesverfassungsgerichts verändert?

**Inhaltsverzeichnis**





J. Theurer, *75 Jahre Grundgesetz: Das fragile Gleichgewicht*, https://doi.org/10.1007/978-3-658-49049-2_6

**Zusammenfassung**

Auch wenn sich der Wortlaut des Grundgesetzes lange kaum änderte, hat sich die Stellung des Bundesverfassungsgerichts deutlich gewandelt. Es ist das mächtigste und beliebteste Verfassungsorgan – und zugleich das einzige, das Gesetze für nichtig erklären kann. Mit dem Aufstieg des EU-Rechts trat jedoch ein Konkurrent auf den Plan: Der Europäische Gerichtshof beansprucht, in vielen Bereichen das letzte Wort zu haben. Und innenpolitisch zeigt sich: Die Unabhängigkeit des Gerichts ist nicht selbstverständlich – erst 2024 wurde es durch eine Grundgesetzreform besser gegen politische Einflussnahme abgesichert. Dieses Kapitel zeigt, wie sich all dies auf die Machtstellung des Bundesverfassungsgerichts bis heute ausgewirkt hat.

## Das Bundesverfassungsgericht – Hüter der Verfassung

Nach Art. 92 GG wird die rechtsprechende Gewalt in Deutschland durch das Bundesverfassungsgericht, durch die im Grundgesetz vorgesehenen Bundesgerichte und durch die Gerichte der Länder ausgeübt. Rechtsprechung liegt vor, „wenn der Gesetzgeber ein gerichtsförmiges Verfahren hoheitlicher Streitbeilegung vorsieht und den dort zu treffenden Entscheidungen eine Rechtswirkung verleiht, die nur unabhängige Gerichte herbeiführen können.“[1]

Die rechtsprechende Gewalt (Judikative) ist daher für alle Aufgaben zuständig, die das Grundgesetz den Richtern bzw. den Gerichten überträgt.[2] Dazu gehören insbesondere „Rechtsweggarantien“ (= ein Richter wird in die

[1] BVerfG, 8. Februar 2001, 2 BvF 1/00, Rn. 112.

[2] Jarass und Kment 2022 (Art. 92 Rn. 2).

Entscheidung bestimmter Konflikte einbezogen), „Richtervorbehalte“ (= über bestimmte Sachverhalte darf nur ein Richter entscheiden) und die Entscheidungsfindung im Zivil- und Strafrecht.[3]

Das 1951 gegründete Bundesverfassungsgericht ist eines der fünf Verfassungsorgane des Grundgesetzes. Es untersteht deshalb keinem Ministerium. Sein Auftrag ist es, zu kontrollieren und sicherzustellen, dass sich alle staatlichen Gewalten in Deutschland an das Grundgesetz halten. Dazu können die Bürger eine Verfassungsbeschwerde erheben. Zudem entscheidet es auch über Streitigkeiten zwischen den anderen Verfassungsorganen des Bundes und über Streitigkeiten zwischen dem Bund und den Ländern. Als einziges Gericht in Deutschland kann das Bundesverfassungsgericht sogar Gesetze für nichtig erklären – wenn diese gegen das Grundgesetz verstoßen und damit verfassungswidrig sind.

Das Bundesverfassungsgericht gilt als vertrauenswürdigstes Verfassungsorgan und genießt in der Bevölkerung großes Ansehen – nicht zuletzt als ‚Hüter der Verfassung‘.[4] Es ist das höchste deutsche Gericht; gegen seine Entscheidungen gibt es kein Rechtsmittel.

Die Stellung des Bundesverfassungsgerichts im Machtgefüge des Grundgesetzes wird vor allem durch zwei Umstände beeinflusst. Zum einen hat sich das Bundesverfassungsgericht immer wieder zum „Ersatzgesetzgeber“ aufgeschwungen und eigenständig neue Grundrechte „erfunden“. Der Klassiker ist das sogenannte Grundrecht auf informationelle Selbstbestimmung, welches im Urteil vom 15. Dezember 1983 (1 BvR 209/83, BVerfGE 65, 1) von den Karlsruher Richtern neu geschaffen wurde. Zum

[3] Jarass und Kment 2022 (Art. 92 Rn. 2 f.).

[4] lpb 2023.

anderen hat das Bundesverfassungsgericht sich bislang extrem „europafreundlich“ gezeigt und trotz einiger Scharmützel mit den EU-Institutionen im Ergebnis noch jede Regelung der EU bzw. jedes Verhalten der EU-Organe toleriert – auch wenn diese offensichtlich gegen das Grundgesetz bzw. gegen europäische Gesetze verstoßen.

Das BVerfGG trat am 17. April 1951 in Kraft.[5] Am 7. September nahmen die Richter ihre Arbeit auf, zwei Tage später wurde die erste Entscheidung getroffen. Ursprünglich bestand jeder Senat aus zwölf Richtern. Die Amtszeit der vier obligatorischen Bundesrichter entsprach der bei ihrem Herkunftsgericht. Die übrigen Richter wurden für acht Jahre gewählt – einmalige Wiederwahl war möglich. Bei der ersten Besetzung wurde die Hälfte der Richter nur für vier Jahre gewählt. Mittlerweile hat jeder der beiden Senate nur noch acht Richter. Drei Richter in jedem Senat sind oberste Bundesrichter. Sie müssen die Befähigung zum Richteramt besitzen. Die Amtszeit aller Richter ist nun auf zwölf Jahre begrenzt (längstens bis zur Erreichung der Altersgrenze, derzeit 68 Jahre), eine Wiederwahl ist ausgeschlossen.

## Resilienz statt Unterwerfung – Die Absicherung des Bundesverfassungsgerichts 2024

Im Gegensatz zu anderen Verfassungsorganen war das Bundesverfassungsgericht bis 2024 im Grundgesetz nur knapp geregelt: Art. 93 und 94 GG legten lediglich seine Zuständigkeiten und die hälftige Wahl der Richter durch

[5] Bundesverfassungsgericht 2025.

Bundestag und Bundesrat fest. Viele zentrale Punkte – etwa zur Zahl der Senate, zur Amtszeit, zur Wiederwahl, zum Wahlverfahren oder zur Organisation des Gerichts – fanden sich nur im Bundesverfassungsgerichtsgesetz (BVerfGG) und konnten mit einfacher Mehrheit geändert werden.

Die Erfahrungen in Polen und Ungarn hatten jedoch gezeigt, wie schnell ein Verfassungsgericht mit einfacher Parlamentsmehrheit entmachtet werden kann – etwa durch vermeintlich harmlose technische Änderungen wie eine Vergrößerung der Richterzahl („Courtpacking") und die Absenkung der Altersgrenze für Richter, die beide eine schnelle Veränderung der Zusammensetzung des Gerichts ermöglichen.[6] Als Reaktion wurde 2024 das Grundgesetz reformiert, um die Unabhängigkeit und Funktionsfähigkeit des Bundesverfassungsgerichts dauerhaft abzusichern. Denn bis dato hätte auch in Deutschland eine einfache Mehrheit im Bundestag das Bundesverfassungsgericht auf diesem Weg schwächen können: etwa durch Einführung eines dritten Senats, der für besonders wichtige Regierungsvorhaben zuständig ist. Von den acht neuen Richterstellen hätte die Regierungsmehrheit vier über den Bundestag besetzen können – genug, um jedes missliebige Urteil zu blockieren. Denn für die Aufhebung eines Gesetzes braucht es fünf Stimmen – vier regierungstreue Richter würden also genügen, um selbst offenkundig verfassungswidrige Gesetze durchgehen zu lassen. Seit Inkrafttreten der Reform am 28. Dezember 2024 ist das anders. Seither sind wichtige Strukturregeln direkt im Grundgesetz verankert. Der neu formulierte Artikel 93 GG stellt klar, dass das Bundesverfassungsgericht ein gegenüber allen anderen Verfassungsorganen unabhängiger Gerichtshof des

[6] Britz 2025.

Bundes ist. Die Zahl der Senate (zwei) und die Zahl der Richter (acht pro Senat) wird ausdrücklich festgelegt, um politisch motivierte Vergrößerungen („Courtpacking“) auszuschließen. Die Amtszeit der Richter wurde auf zwölf Jahre begrenzt; eine Wiederwahl ist ausgeschlossen. Zudem wurde geregelt, dass das Höchstalter bei 68 Jahren liegt. Das stärkt die Unabhängigkeit der Richter und verhindert, dass sie durch Aussicht auf eine Wiederwahl unter Druck geraten. Ein weiteres zentrales Element der Reform ist, dass das Gericht selbst seine Geschäftsordnung beschließt (Art. 93 Abs. 4 GG). Damit kann der Gesetzgeber nicht mehr von außen festlegen, wie das Gericht intern arbeitet oder wie Verfahren priorisiert werden. Auch wurde ausdrücklich ins Grundgesetz aufgenommen, dass alle Verfassungsorgane des Bundes und der Länder sowie alle Gerichte und Behörden an die Entscheidungen des Bundesverfassungsgerichts gebunden sind (Art. 94 Abs. 4 Satz 1 GG). Um einer politischen Blockade bei der Nachbesetzung von Richterstellen vorzubeugen, wurde im Zuge der Verfassungsreform 2024 der neue § 7a in das Bundesverfassungsgerichtsgesetz eingefügt. Er regelt ein gestuftes Verfahren, das sicherstellen soll, dass das Gericht jederzeit voll besetzt bleiben kann: Gelingt es dem Bundestag oder Bundesrat nicht, innerhalb von zwei Monaten nach dem Ausscheiden eines Verfassungsrichters einen Nachfolger zu wählen, wird das Bundesverfassungsgericht selbst aktiv. Das Plenum beschließt mit einfacher Mehrheit, welche Personen es zur Wahl vorschlägt. Wird auch danach innerhalb von drei weiteren Monaten kein neuer Richter gewählt, kann das jeweils andere Wahlorgan die Wahl übernehmen. Ein auf diese Weise gewählter Richter gilt dann als vom ursprünglich zuständigen Wahlorgan gewählt. So soll verhindert werden, dass eine politische Sperrminorität gezielt die Arbeitsfähigkeit des Gerichts behindert.

Unvollendeter Schutz? Kritik an der Reform von 2024Auch nach der Reform von 2024 ist die Absicherung des Verfassungsgerichts lückenhaft. So ist die erforderliche Zweidrittelmehrheit bei der Wahl der Richter weiterhin nur einfachgesetzlich geregelt (§ 6 Abs. 1 BVerfGG) – und könnte jederzeit mit einfacher Mehrheit abgeschafft werden. Zudem könnte die Funktionsfähigkeit des Gerichts durch einfachgesetzliche Änderungen faktisch untergraben werden. So könnte eine Regelung eingeführt werden, nach der Verfahren zwingend in der Reihenfolge ihres Eingangs bearbeitet werden müssen – mit der Folge, dass rechtsstaatsschädliche Reformen nicht prioritär überprüft würden, sondern erst nach Jahren, wenn ihre Wirkung längst irreversibel ist.[7] Auch eine gesetzliche Pflicht zur Durchführung mündlicher Verhandlungen in jedem einzelnen Verfahren oder die Abschaffung der Kammern und ihrer Entscheidungsbefugnisse könnten das Gericht in seiner Arbeit massiv behindern.[8] Solche Maßnahmen wären rechtlich zulässig, da das Grundgesetz hierfür keine Sperre enthält. Wichtig ist: Welche Tricks auch immer ein destruktiver Gesetzgeber ersinnt – letztlich entscheiden die Verfassungsrichter selbst, ob sie sich beugen. Müssten sie eine solche Regelung in einem Verfahren anwenden, können sie sie für verfassungswidrig erklären und unangewendet lassen.[9] Juristisch ist das in der Regel immer gut begründbar. Was es braucht, ist der Wille dazu und Richter mit Haltung, die bereit sind, Verantwortung zu übernehmen und standzuhalten, auch wenn es politischen Gegenwind gibt.

Damals gab es zwei Senate mit je zwölf Richtern. Jeweils vier Richter eines Senats mussten Bundesrichter sein, ihre Amtszeit dauerte so lange wie ihre Amtszeit an dem jeweiligen obersten Bundesgericht. Die Amtszeit der übrigen Richter betrug acht Jahre (beim ersten Mal wurde die

[7] Britz 2025.

[8] Britz 2025.

[9] Britz 2025.

Hälfte der Richter jedoch nur für vier Jahre gewählt), eine Wiederwahl war zulässig.

Mittlerweile hat jeder der beiden Senate nur noch acht Richter. Drei Richter in jedem Senat sind oberste Bundesrichter. Sie müssen die Befähigung zum Richteramt besitzen. Die Amtszeit aller Richter ist nun auf zwölf Jahre begrenzt (längstens bis zur Erreichung der Altersgrenze, derzeit 68 Jahre), eine Wiederwahl ist ausgeschlossen.

## Enge Verbindung mit den etablierten politischen Parteien

Die Richter am Bundesverfassungsgericht waren von Anfang an eng mit den etablierten politischen Parteien „verbandelt" und sind das bis heute noch. Warum ist das so?

Art. 93 GG regelt, dass die Verfassungsrichter je zur Hälfte von Bundestag und Bundesrat gewählt werden. 1951 wählte der Bundestag seine Hälfte der Richter indirekt, d. h. durch zwölf Wahlmänner, wobei mindestens neun Stimmen erforderlich waren. Der Bundesrat wählt seine Hälfte der Verfassungsrichter seit jeher mit Zweidrittelmehrheit.

1951 dominierten CDU/CSU und SPD sowohl den Bundestag als auch die Landesparlamente und stellten in jeder der damaligen Landesregierungen und in den Landtagen die größte Fraktion. Diese Dominanz konnten CDU/CSU und SPD gemeinschaftlich bei der Auswahl der Richter am Bundesverfassungsgericht nutzen und fortsetzen.

Tab. 6.1 zeigt, auf Vorschlag welcher Partei die ersten Richter am Bundesverfassungsgericht 1951 gewählt wurden:

**Tab. 6.1** Anzahl der von den Parteien 1951 vorgeschlagenen Verfassungsrichter

| Partei | Bundestag | Bundesrat | 1. Senat | 2. Senat |
|---|---|---|---|---|
| CDU/CSU | 5 | 6 | 4 | 7 |
| SPD | 5 | 6 | 7 | 4 |
| FDP | 1 | 0 | 1 | 0 |
| DP | 1 | 0 | 0 | 1 |

Das bedeutet: CDU/CSU und SPD haben dafür gesorgt, dass sie zusammen in jedem Senat 11 der 12 Richter (= 92 %) benennen konnten und dass sie jeweils in einem Senat eine Mehrheit der Richter haben (7 von 12). Im Grundgesetz ist nicht geregelt, welche Partei das Vorschlagsrecht für eine frei werdende Richterstelle hat. In der Praxis einigen sich die großen Parteien aber informell darauf, wer vorschlagen darf – meist im Verhältnis zur Stärke im Bundestag oder Bundesrat. Auf diese Weise ist eine parteipolitisch geprägte Besetzungspraxis entstanden, bei der jeder Richterposten faktisch einer Partei zugeordnet ist. Bis zur ersten rot-grünen Koalition 1998 wurden fast alle der über 80 ernannten Verfassungsrichter von CDU/CSU oder SPD vorgeschlagen – nur vier stammten von der FDP, einer von der Deutschen Partei. 2001 konnten die Grünen als Koalitionspartner der SPD dann erstmals einen Richter über den Bundestag nominieren. Mittlerweile erfolgt die Wahl mit Hilfe eines Wahlausschusses. Dieser hat zwölf Mitglieder und schlägt die zur Auswahl stehenden Kandidaten vor (mit mindestens acht Stimmen). Die Wahl der Richter erfolgt dann direkt durch den Bundestag, wobei eine Zweidrittelmehrheit der abgegebenen Stimmen erforderlich ist, mindestens aber die Mehrheit der Stimmen der Mitglieder des Bundestags. 2018 einigten sich CDU, CSU, SPD, FDP und Grüne (die bis dahin gemeinsam immer eine Zweidrittelmehrheit im Bundestag hatten) „auf die Proporz-Formel ‚3 – 3 – 1 – 1'" für jeden der beiden Senate.

Seit der Bundestagswahl 2025 ist die FDP nicht mehr im Parlament vertreten. CDU, CSU, SPD und Grüne haben gemeinsam nur 413 von 630 Sitzen – zu wenig für die Zweidrittelmehrheit, die für die Wahl eines Verfassungsrichters nötig ist. Sie wären daher auf Stimmen der AfD oder der Linken angewiesen – die ihre Zustimmung vermutlich an politische Zugeständnisse knüpfen würden. Um das zu vermeiden, könnten die etablierten Parteien den neuen § 7a BVerfGG nutzen: Dann würde der Bundesrat den Richter wählen – dort haben CDU, CSU, SPD, FDP und Grüne aktuell noch die nötige Zweidrittelmehrheit (49 von 69 Stimmen).[10] Tab. 6.2 zeigt, auf Vorschlag welcher Partei die aktuell amtierenden 16 Richter (neun Männer, sieben Frauen) am Bundesverfassungsgericht gewählt wurden.

CDU/CSU und SPD benennen zusammen immer noch in jedem Senat 6 der 8 Richter (= 75 %). Allerdings hat jetzt keine Partei mehr eine absolute Mehrheit der Richter in einem Senat.

Von allen Seiten wird zwar stets betont, dass die Richter am Bundesverfassungsgericht „in der Regel hochgradig unabhängig von der Partei agieren, die sie einst nominierte."[11] Doch natürlich nominieren die Parteien stets nur solche Kandidaten, die ihnen politisch nahestehen. Das zeigt sich in der gesamten Rechtsprechung des Bundesverfassungsgerichts: Zwar wurde auch so manches Gesetz „kassiert" – aber wenn es um die wirklich wichtigen Großprojekte ging, konnten sich die Politiker von CDU/CSU und SPD auf „ihre" Richter verlassen: Von den „Notstandsgesetzen" und „Ostverträgen" über die staatliche Parteienfinanzierung und die Auslandseinsätze der

[10] Rath 2022.

[11] Rath 2022.

**Tab. 6.2** Anzahl der von den Parteien vorgeschlagenen aktuell amtierenden Verfassungsrichter

| Partei | Bundestag | Bundesrat | 1. Senat | 2. Senat |
|---|---|---|---|---|
| CDU/CSU | 2 | 4 | 3 | 3 |
| SPD | 3 | 3 | 3 | 3 |
| FDP | 2 | 0 | 1 | 1 |
| Grüne | 1 | 1 | 1 | 1 |

Bundeswehr bis hin zu den milliardenschweren Euro-Rettungsschirmen und der immer weiteren Übertragung von Hoheitsrechten auf die EU hat das Bundesverfassungsgericht im Prinzip alles akzeptiert.

## Begrenzung der „Jedermann"-Verfassungsbeschwerden

Die „Jedermann"-Verfassungsbeschwerde, mit der das Bundesverfassungsgericht im Laufe der Zeit unter der deutschen Bevölkerung so populär wurde, war zunächst nicht im Grundgesetz enthalten – sondern nur einfachgesetzlich in § 90 Abs. 1 BVerfGG:

> Jedermann kann mit der Behauptung, durch die öffentliche Gewalt in einem seiner Grundrechte oder in einem seiner in Artikel 33, 38, 101, 103 und 104 des Grundgesetzes enthaltenen Rechte verletzt zu sein, die Verfassungsbeschwerde zum Bundesverfassungsgericht erheben.

Erst als 1969 die „Notstandsgesetze" geschaffen wurden, wurde die Existenz der (Bürger-)Verfassungsbeschwerde im damaligen Art. 93 Abs. 1 Nr. 4a GG (heute: Art. 94 Abs. 1 Nr. 4a GG) verfassungsrechtlich abgesichert und damit dem Zugriff des „einfachen" Gesetzgebers entzogen.

Die „Jedermann"-Verfassungsbeschwerde (Art. 94 Abs. 1 Nr. 4a GG, §§ 90 ff. BVerfGG) ist die mit Abstand häufigste Verfahrensart vor dem Bundesverfassungsgericht. Jedes Jahr werden ca. 6000 Verfassungsbeschwerden erhoben. Davon sind aber weniger als 2 % erfolgreich. Die meisten werden „nicht angenommen". Wie kann das sein?Das liegt an dem ebenfalls 1969 eingefügten Art. 94 Abs. 2 Satz 2 GG (heute: Art. 93 Abs. 5 Satz 2 GG):

> Es [das Bundesverfassungsgericht] kann für Verfassungsbeschwerden die vorherige Erschöpfung des Rechtsweges zur Voraussetzung machen und ein besonderes Annahmeverfahren vorsehen.

Das „besondere Annahmeverfahren" ist die Klippe, an der die allermeisten Verfassungsbeschwerden scheitern. Geregelt ist das Annahmeverfahren in §§ 93 a bis d BVerfGG. Nach § 93a Abs. 2 BVerfGG muss die Verfassungsbeschwerde angenommen werden, „soweit ihr grundsätzliche verfassungsrechtliche Bedeutung zukommt" oder „wenn es zur Durchsetzung der in § 90 Abs. 1 genannten Rechte angezeigt ist; dies kann auch der Fall sein, wenn dem Beschwerdeführer durch die Versagung der Entscheidung zur Sache ein besonders schwerer Nachteil entsteht."

Die Krux ist: Über die Annahme entscheidet eine dreiköpfige „Kammer" (= drei Richter eines Senats). Diese hat drei Möglichkeiten:

- Wenn das Bundesverfassungsgericht die entscheidenden verfassungsrechtlichen Fragen bereits entschieden hat, kann die Kammer der Verfassungsbeschwerde direkt stattgeben, wenn sie „offensichtlich begründet" ist (§ 93c Abs. 1 BVerfGG).

- Andernfalls kann die Kammer die Verfassungsbeschwerde annehmen (dann entscheidet der Senat später darüber) oder ablehnen (§ 93b Satz 1 BVerfGG).

Bemerkenswert ist: Die Ablehnung der Verfassungsbeschwerde ergeht ohne mündliche Verhandlung, ist unanfechtbar und bedarf keiner Begründung (§ 93d Abs. 1 BVerfGG). Das bedeutet: Die drei Richter einer Kammer können relativ frei entscheiden, ob eine Verfassungsbeschwerde angenommen wird oder nicht.

## Keine Rechtsgutachten mehr

Im Grundgesetz von 1949 war in § 97 BVerfGG geregelt, dass Bundestag, Bundesrat und Bundesregierung gemeinsam oder der Bundespräsident (allein) das Bundesverfassungsgericht ersuchen können, über eine bestimmte verfassungsrechtliche Frage ein Rechtsgutachten zu erstellen. Das war eine sinnvolle Regelung. Denn so konnten Legislative und Exekutive bereits vorab klären, ob ein bestimmtes Gesetz oder Verhalten verfassungsmäßig ist oder nicht. Dadurch war auch dem Rechtsschutz der Bürger sehr gedient – denn sie mussten sich bei einem verfassungswidrigen Gesetz nicht erst jahrelang durch alle Instanzen klagen (die „Rechtswegerschöpfung“ ist eine Voraussetzung für die Zulässigkeit einer Verfassungsbeschwerde). Doch diese Regelung wurde bereits 1956 wieder gestrichen. Offizielle Begründung war die Sorge um die Unabhängigkeit des Bundesverfassungsgerichts und um die klare Trennung der Gewalten. Praktisch ausschlaggebend dürfte meines Erachtens eher gewesen sein, dass die bis dato erstellten beiden Gutachten nicht das von der Bundesregierung erwünschte Ergebnis gebracht hatten. Denn im Gutachten vom 22. November 1951 kam das Bundesverfassungsgericht zu dem Ergebnis, dass das vom Deutschen Bundestag am 12. Juli 1951 beschlossene Gesetz zur Durchführung des Art. 108 Absatz 2 des Grundgesetzes der Zustimmung des Bundesrates bedarf.[12] Und im Gutachten vom 16. Juni 1954 kam das Bundesverfassungsgericht – entgegen der Auffassung der Bundesregierung – zu dem Ergebnis, dass sich die „Gesetzgebungszuständigkeit des Bundes für das Baurecht als Gesamtmaterie … weder aus einer einzelnen Materie des Zuständigkeitskatalogs [ergibt] noch aus der Zusammenfassung von einzelnen Materien unter Heranziehung des Gedankens des Sachzusammenhangs oder des Wandels der Verhältnisse noch aus der ‚Natur der Sache'".[13]

## Neu: Die Verzögerungsbeschwerde

Neu hinzugekommen ist 2011 die sogenannte Verzögerungsbeschwerde (§§ 97a ff. BVerfGG). Danach bekommt eine „angemessene Entschädigung", wer „infolge unangemessener Dauer eines Verfahrens vor dem Bundesverfassungsgericht als Verfahrensbeteiligter oder als Beteiligter in einem zur Herbeiführung einer Entscheidung des Bundesverfassungsgerichts ausgesetzten Verfahren einen Nachteil erleidet."

[12] BVerfG, 22. November 1951, 1 PBvV 1/51, BVerfGE 1, 76.

[13] BVerfG, 16. Juni 1954, 1 PBvV 2/52, BVerfGE 3, 407.

## Das Bundesverfassungsgericht als „Ersatzgesetzgeber"

Das Bundesverfassungsgericht hat zwar praktisch keines der wirklich wichtigen Projekte der Bundesregierung gestoppt. Gleichwohl haben sich die Richter in Karlsruhe immer wieder zum „Ersatzgesetzgeber" aufgeschwungen und durch „Richterrecht" selbst weitreichende gesetzliche Regelungen in Kraft gesetzt oder gleich ganze Grundrechte neu geschaffen.

Das **Recht auf informationelle Selbstbestimmung** wurde 1983 durch das Volkszählungsurteil entwickelt: „Freie Entfaltung der Persönlichkeit setzt unter den modernen Bedingungen der Datenverarbeitung den Schutz des Einzelnen gegen unbegrenzte Erhebung, Speicherung, Verwendung und Weitergabe seiner persönlichen Daten voraus. Dieser Schutz ist daher von dem Grundrecht des Art. 2 Abs. 1 in Verbindung mit Art. 1 Abs. 1 GG umfaßt. Das Grundrecht gewährleistet insoweit die Befugnis des Einzelnen, grundsätzlich selbst über die Preisgabe und Verwendung seiner persönlichen Daten zu bestimmen."[14]

Auch beim Klimaschutz war das Bundesverfassungsgericht recht kreativ. Im Jahr 2021 leitete es aus dem Recht auf Leben und körperliche Unversehrtheit (Art. 2 Abs. 2 Satz 1 GG) eine Schutzpflicht des Staates gegenüber den Gefahren des Klimawandels ab – inklusive der Verpflichtung zu vorbeugenden und internationalen Maßnahmen sowie Anpassungsstrategien:

> „Der Staat ist durch das Grundrecht auf den Schutz von Leben und Gesundheit in Art. 2 Abs. 2 Satz 1 GG zum Schutz vor den Gefahren des Klimawandels verpflichtet. Er

[14] BVerfG, 15. Dezember 1983, 1 BvR 209/83, Rn. 147.

> muss dem erheblichen Gefahrenpotenzial des Klimawandels durch Maßnahmen begegnen, die in internationaler Einbindung dazu beitragen, die menschengemachte Erwärmung der Erde anzuhalten und den daraus resultierenden Klimawandel zu begrenzen. Ergänzend sind positive Schutzmaßnahmen (sogenannte Anpassungsmaßnahmen) erforderlich, die die Folgen des Klimawandels lindern."[15]

Zudem hat das Bundesverfassungsgericht eine ganze Reihe von Gesetzen, die Bundestag und Bundesrat mehrheitlich beschlossen haben, für verfassungswidrig erklärt – etwa das Volkszählungsgesetz[16] (1983), das Luftsicherheitsgesetz[17] (2006) oder die Regelungen zur Vorratsdatenspeicherung[18] (2010).

Grundsätzlich ist daran nichts auszusetzen – die Kontrolle der Gesetzgebung gehört zu den zentralen Aufgaben des Gerichts. Problematisch wird es jedoch, wenn sich auch die gegenteilige Position – also die des Bundestags – ebenso gut und juristisch korrekt begründen lässt. Dann greift das Bundesverfassungsgericht ohne zwingende Notwendigkeit tief in den Gestaltungsspielraum des demokratisch legitimierten Gesetzgebers ein.Besonders deutlich wird dieses Problem bei der Menschenwürde. Art. 1 Abs. 1 GG lautet: „Die Würde des Menschen ist unantastbar. Sie zu achten und zu schützen ist Verpflichtung aller staatlichen Gewalt." Diese Formulierung ist bewusst offen gehalten – was daraus im Einzelfall folgt, ist nicht immer eindeutig. Wird etwa die Zwangsernährung

[15] BVerfG, 24. März 2021, 1 BvR 2656/18, Rn. 144.

[16] BVerfG, 15. Dezember 1983, 1 BvR 209/83.

[17] BVerfG, 15. Februar 2006, 1 BvR 357/05.

[18] BVerfG, 2. März 2010, 1 BvR 256/08.

hungerstreikender Gefangener der Menschenwürde gerecht oder widerspricht sie ihr? Dürfen Menschen mit schweren Behinderungen von präimplantationsdiagnostischen Verfahren ausgeschlossen werden – oder verletzt das ihre Menschenwürde? Ist das Verbot geschäftsmäßiger Sterbehilfe eine Schutzmaßnahme oder eine Freiheitsverletzung? In all diesen Fällen lässt sich eine Verletzung der Menschenwürde sowohl bejahen als auch verneinen – beides ist juristisch vertretbar.Demokratisch sauber wäre es deshalb, wenn das Bundesverfassungsgericht Gesetze nur dann für verfassungswidrig erklärt, wenn die dafürsprechenden Argumente klar überwiegen. Zudem sollte es sich auf die im Grundgesetz ausdrücklich geregelten Normen beschränken – und nicht durch weite Auslegung oder mutmaßliche Prinzipien neue Grundrechte „erfinden". Diese Aufgabe sollte dem Gesetzgeber überlassen bleiben – dem Organ, das durch Wahlen legitimiert ist und dem nach dem Prinzip der Gewaltenteilung die politische Gestaltung zusteht.

## Es ist kompliziert – Das Verhältnis des Bundesverfassungsgerichts zum EuGH

Die in den 1950er-Jahren gegründeten Europäischen Gemeinschaften (beginnend 1951 mit der Europäischen Gemeinschaft für Kohle und Stahl – EGKS) konnten selbst Rechtsakte erlassen. Seitdem stellte sich immer die Frage, in welchem Verhältnis dieses Gemeinschaftsrecht zum nationalen Recht der Mitgliedstaaten steht.

Die Gemeinschaftsorgane – allen voran der EuGH – vertreten seit langem und bis heute mit Nachdruck die Ansicht, dass Gemeinschaftsrecht jedem nationalen Recht vorgeht:

> „Aus alledem folgt, daß dem vom Vertrag geschaffenen, so mit aus einer autonomen Rechtsquelle fließenden Recht wegen dieser seiner Eigenständigkeit keine wie immer gearteten innerstaatlichen Rechtsvorschriften vorgehen können, wenn ihm nicht sein Charakter als Gemeinschaftsrecht aberkannt und wenn nicht die Rechtsgrundlage der Gemeinschaft selbst in Frage gestellt werden soll.
>
> Die Staaten haben somit dadurch, daß sie nach Maßgabe der Bestimmungen des Vertrages Rechte und Pflichten, die bis dahin ihren inneren Rechtsordnungen unterworfen waren, der Regelung durch die Gemeinschaftsrechtsordnung vorbehalten haben, eine endgültige Beschränkung ihrer Hoheitsrechte bewirkt, die durch spätere einseitige, mit dem Gemeinschaftsbegriff unvereinbare Maßnahmen nicht rückgängig gemacht werden kann.“[19]

Das Bundesverfassungsgericht ist ebenfalls tendenziell sehr europarechtsfreundlich, hat aber dennoch die Aufgabe, das Grundgesetz zu schützen. Seit mehr als 50 Jahren steht deshalb immer wieder die Frage im Raum: Wer soll das letzte Wort haben, was in Deutschland gilt – das Bundesverfassungsgericht oder der EuGH? Das Bundesverfassungsgericht geht insoweit von einem „Kooperationsverhältnis“ mit dem EuGH aus.[20] Danach ist es grundsätzlich allein die Aufgabe des EuGH, über die Rechtmäßigkeit europäischer Regelungen zu entscheiden. Dennoch hat das Bundesverfassungsgericht im Laufe der Zeit Bedingungen formuliert, unter denen es im Einzelfall die Anwendbarkeit von EU-Recht in Deutschland doch noch überprüft. Aktuell gibt es drei Bereiche für einen sogenannten Prüfungsvorbehalt:

---

[19] EuGH, Rs. 6/65, Slg 1964, S. 1270 f.

[20] Streinz 2023 (Rn. 264).

## Grundrechtskontrolle

1974 erklärte das Bundesverfassungsgericht im „Solange I"-Beschluss, dass es selbst darüber entscheidet, ob eine Vorschrift des Gemeinschaftsrechts gegen die Grundrechte des Grundgesetzes verstößt und deshalb in Deutschland unanwendbar ist:

> „Solange der Integrationsprozeß der Gemeinschaft nicht so weit fortgeschritten ist, daß das Gemeinschaftsrecht auch einen von einem Parlament beschlossenen und in Geltung stehenden formulierten Katalog von Grundrechten enthält, der dem Grundrechtskatalog des Grundgesetzes adäquat ist, ist nach Einholung der in Art. 177 des Vertrags geforderten Entscheidung des Europäischen Gerichtshofs die Vorlage eines Gerichts der Bundesrepublik Deutschland an das Bundesverfassungsgericht im Normenkontrollverfahren zulässig und geboten, wenn das Gericht die für es entscheidungserhebliche Vorschrift des Gemeinschaftsrechts in der vom Europäischen Gerichtshof gegebenen Auslegung für unanwendbar hält, weil und soweit sie mit einem der Grundrechte des Grundgesetzes kollidiert."[21]

„Solange I" wird nicht französisch ([so'lɑ̃:ʒ i:]) ausgesprochen, sondern ganz schlicht als „Solange eins" ([zo'laŋə aɪ̯ns]) – das „solange" ist dabei als zeitliche Bedingung gemeint, nicht als Name.

Doch schon 1986 schaffte das Bundesverfassungsgericht diese Möglichkeit im „Solange II"-Beschluss faktisch wieder ab:

---

[21] BVerfG, 29. Mai 1974, BvL 52/71.

> „Solange die Europäischen Gemeinschaften, insbesondere die Rechtsprechung des Gerichtshofs der Gemeinschaften einen wirksamen Schutz der Grundrechte gegenüber der Hoheitsgewalt der Gemeinschaften generell gewährleisten, der dem vom Grundgesetz als unabdingbar gebotenen Grundrechtsschutz im wesentlichen gleichzuachten ist, zumal den Wesensgehalt der Grundrechte generell verbürgt, wird das Bundesverfassungsgericht seine Gerichtsbarkeit über die Anwendbarkeit von abgeleitetem Gemeinschaftsrecht, das als Rechtsgrundlage für ein Verhalten deutscher Gerichte und Behörden im Hoheitsbereich der Bundesrepublik Deutschland in Anspruch genommen wird, nicht mehr ausüben und dieses Recht mithin nicht mehr am Maßstab der Grundrechte des Grundgesetzes überprüfen; entsprechende Vorlagen nach Art. 100 Abs. 1 GG sind somit unzulässig."[22]

Seit 2000 prüft das Bundesverfassungsgericht einen Grundrechtsverstoß von EU-Recht nur noch dann, wenn der Beschwerdeführer aufzeigen kann, dass der europäische Grundrechtsschutz systematisch unter das Niveau zum Zeitpunkt der Solange-II-Entscheidung abgesunken ist:

> „Verfassungsbeschwerden und Vorlagen von Gerichten, die eine Verletzung in Grundrechten des Grundgesetzes durch sekundäres Gemeinschaftsrecht geltend machen, sind von vornherein unzulässig, wenn ihre Begründung nicht darlegt, dass die europäische Rechtsentwicklung einschließlich der Rechtsprechung des Europäischen Gerichtshofs nach Ergehen der Solange II-Entscheidung unter den erforderlichen Grundrechtsstandard abgesunken sei. Deshalb muss die Begründung der Vorlage oder einer

---

[22] BVerfG, 22. Oktober 1986, 2 BvR 197/83.

Verfassungsbeschwerde im Einzelnen darlegen, dass der jeweils als unabdingbar gebotene Grundrechtsschutz generell nicht gewährleistet ist."[23]

## Identitätsrüge

Nach Art. 23 und 24 GG kann der verfassungsändernde Gesetzgeber Hoheitsrechte auf die EU übertragen. Die Frage ist: In welchem Umfang?

2009 setzte das Bundesverfassungsgericht in der Entscheidung über den Vertrag von Lissabon eine klare Grenze:

> „Darüber hinaus prüft das Bundesverfassungsgericht, ob der unantastbare Kerngehalt der Verfassungsidentität des Grundgesetzes nach Art. 23 Abs. 1 Satz 3 in Verbindung mit Art. 79 Abs. 3 GG gewahrt ist."[24]

2015 präzisierte das Bundesverfassungsgericht diesen Kerngehalt ausdrücklich:

> „Zu den Schutzgütern der in Art. 79 Abs. 3 GG niedergelegten Verfassungsidentität, die auch vor Eingriffen durch die supranational ausgeübte öffentliche Gewalt geschützt sind, gehören die Grundsätze des Art. 1 GG, also die Verpflichtung aller staatlichen Gewalt, die Würde des Menschen zu achten und zu schützen (Art. 1 Abs. 1 Satz 2 GG), aber auch der in der Menschenwürdegarantie des Art. 1 Abs. 1 GG verankerte Grundsatz, dass jede Strafe Schuld voraussetzt … Die in Art. 23 Abs. 1 Satz 3 in Verbindung mit Art. 79 Abs. 3 GG für integrationsfest

[23] BVerfG, 7. Juni 2000, 2 BvL 1/97, Leitsatz 1 und 2.

[24] BVerfG, 30. Juni 2009, 2 BvE 2/08, Leitsatz.

> erklärten Schutzgüter dulden auch keine Relativierung im Einzelfall … Dies gilt insbesondere mit Blick auf Art. 1 Abs. 1 GG. Die Menschenwürde stellt den höchsten Rechtswert innerhalb der verfassungsmäßigen Ordnung dar … Ihre Achtung und ihr Schutz gehören zu den Konstitutionsprinzipien des Grundgesetzes … denen auch der in der Präambel und in Art. 23 Abs. 1 Satz 1 GG zum Ausdruck kommende Integrationsauftrag und die Europarechtsfreundlichkeit des Grundgesetzes … Rechnung tragen müssen. Vor diesem Hintergrund gewährleistet das Bundesverfassungsgericht im Wege der Identitätskontrolle den gemäß Art. 23 Abs. 1 Satz 3 in Verbindung mit Art. 79 Abs. 3 und Art. 1 Abs. 1 GG unabdingbar gebotenen Grundrechtsschutz uneingeschränkt und im Einzelfall … Die strengen Voraussetzungen für eine Aktivierung der Identitätskontrolle schlagen sich in erhöhten Zulässigkeitsanforderungen an entsprechende Verfassungsbeschwerden nieder. Es muss im Einzelnen substantiiert dargelegt werden, inwieweit im konkreten Fall die durch Artikel 1 GG geschützte Garantie der Menschenwürde verletzt ist."[25]

Doch auch hier wurden die Anforderungen an die erforderliche „Substantiierung" wenig später deutlich verschärft:

> „Eine zulässige Identitätsrüge erfordert die hinreichend begründete Darlegung, dass die Verfassungsorgane ihrer Integrationsverantwortung mit Blick auf die Verfassungsidentität des Grundgesetzes nicht nachgekommen sind. Maßnahmen von Organen, Einrichtungen oder sonstigen Stellen der Europäischen Union können durch Art. 79 Abs. 3 GG (i.V.m. Art. 23 Abs. 1 Satz 3 GG) für unantastbar erklärte Grundsätze des Art. 20 GG insbesondere

[25] BVerfG, 15. Dezember 2015, 2 BvR 2735/14, Rn. 48 ff.

berühren, wenn sie die Gestaltungsmacht des Bundestages substantiell einschränken, etwa das Budgetrecht und seine haushaltspolitische Gesamtverantwortung nicht wahren, oder wenn sie die Unionsgewalt in einer Weise ausgestalten, die den durch Art. 79 Abs. 3 GG geschützten demokratischen Grundsätzen nicht mehr entspricht.“[26]

## Ultra-vires-Kontrolle

**Definition** Ein „ultra-vires“-Akt bezeichnet eine Entscheidung, bei der eine Behörde oder ein Gericht über die ihnen jeweils rechtlich zugewiesenen Befugnisse hinaus tätig wird.

Die Organe der EU haben nur die Befugnisse und Kompetenzen, die ihnen von den Mitgliedstaaten ausdrücklich übertragen wurden bzw. die sich aus den EU-Verträgen ergeben („Prinzip der begrenzten Einzelermächtigung“). Das Bundesverfassungsgericht hat sich deshalb 2009 bei der Entscheidung über den Vertrag von Lissabon ausdrücklich die Befugnis vorbehalten, zu überprüfen, ob die Organe der EU „ultra-vires“ handeln:

> „Das Bundesverfassungsgericht prüft, ob Rechtsakte der europäischen Organe und Einrichtungen sich unter Wahrung des gemeinschafts- und unionsrechtlichen Subsidiaritätsprinzips … in den Grenzen der ihnen im Wege der begrenzten Einzelermächtigung eingeräumten Hoheitsrechte halten.“[27]

Denn ein „ausbrechender Rechtsakt“, der nicht mehr von den Kompetenzen der EU gedeckt ist, wird nicht mehr

[26] BVerfG, 26. Mai 2020, 2 BvR 43/16, Rn. 13.

[27] BVerfG, 30. Juni 2009, 2 BvE 2/08, Leitsatz 4.

vom Ermächtigungsrahmen und Rechtsanwendungsbefehl des Art. 23 Abs. 1 Satz 2 GG umfasst.

Bereits ein Jahr später war die Voraussetzung dafür offensichtlich erfüllt: Der EuGH hatte 2005 im sog. Mangold-Urteil[28] entschieden,

> „dass Gemeinschaftsrecht und insbesondere Art. 6 Abs. 1 der Richtlinie 2000/78/EG einer nationalen Regelung wie der des § 14 Abs. 3 Satz 4 TzBfG entgegenstünden. Es obliege dem nationalen Gericht, die volle Wirksamkeit des allgemeinen Verbots der Diskriminierung wegen des Alters zu gewährleisten, indem es jede entgegenstehende Bestimmung des nationalen Rechts unangewendet lasse, auch wenn die Frist für die Umsetzung der Richtlinie noch nicht abgelaufen sei."[29]

Damit hatte der EuGH offenkundig seine Kompetenzen überschritten, denn dies war ein offenbarer Verstoß gegen die ausdrückliche Regelung in Art. 249 Abs. 3 des EG-Vertrags (EGV):

> Die Richtlinie ist für jeden Mitgliedstaat, an den sie gerichtet wird, hinsichtlich des zu erreichenden Ziels verbindlich, überlässt jedoch den innerstaatlichen Stellen die Wahl der Form und der Mittel.

Daraus folgt, dass eine Richtlinie nicht unmittelbar gilt, sondern erst in innerstaatliches Recht umgesetzt werden muss. Vor Ablauf der Umsetzungsfrist kann sie daher keine Wirkung entfalten. Die Entscheidung des EuGH widersprach daher dem eindeutigen Wortlaut des EGV

[28] EuGH, 22. November 2005, Rechtssache C-144/04, Rn. 66 ff.

[29] BVerfG, 6. Juli 2010, 2 BvR 2661/06, Rn. 28.

– und zu einer Änderung des EGV hat der EuGH keine Kompetenz. Doch anstatt diesen klaren Elfmeter zu verwandeln und den Kompetenzverstoß des EuGH klipp und klar festzustellen, kniff das Bundesverfassungsgericht erneut und verschärfte stattdessen die Voraussetzungen, unter denen es eine „Ultra-vires-Kontrolle“ durchführt:

> „Eine Ultra-vires-Kontrolle durch das Bundesverfassungsgericht kommt nur in Betracht, wenn ein Kompetenzverstoß der europäischen Organe hinreichend qualifiziert ist. Das setzt voraus, dass das kompetenzwidrige Handeln der Unionsgewalt offensichtlich ist und der angegriffene Akt im Kompetenzgefüge *zu einer strukturell bedeutsamen Verschiebung zulasten der Mitgliedstaaten führt.*“[30]

Und ein solcher Fall war hier nicht gegeben.

2020 verschärfte das Bundesverfassungsgericht diese Voraussetzungen sogar nochmals:

> „Eine strukturell bedeutsame Verschiebung zulasten mitgliedstaatlicher Kompetenzen … liegt … nur vor, wenn die Kompetenzüberschreitung ein für das Demokratieprinzip und die Volkssouveränität erhebliches Gewicht besitzt und geeignet ist, das Prinzip der begrenzten Einzelermächtigung zu unterlaufen. Davon ist auszugehen, wenn die Inanspruchnahme der Kompetenz durch das Organ, die Einrichtung oder sonstige Stelle der Europäischen Union eine Vertragsänderung nach Art. 48 EUV oder die Inanspruchnahme einer Evolutivklausel erforderte …, für Deutschland also ein Tätigwerden des Gesetzgebers, sei es nach Art. 23 Abs. 1 Satz 2 GG, sei es nach Maßgabe des Integrationsverantwortungsgesetzes.“[31]

---

[30] BVerfG, 2 BvR 2661/06, 6. Juli 2010, Leitsatz 1 a).

[31] BVerfG, 26. Mai 2020, 2 BvR 43/16, Rn. 12.

Eine Evolutivklausel (von *évolutif* = sich entwickelnd) ist eine Bestimmung, die es erlaubt, den Anwendungsbereich oder die Kompetenzen eines Organs nachträglich und ohne Vertragsänderung zu erweitern. Typisches Beispiel ist Art. 352 Abs. 1 Satz 1 AEUV: „Erscheint ein Tätigwerden der Union im Rahmen der in den Verträgen festgelegten Politikbereiche erforderlich, um eines der Ziele der Verträge zu verwirklichen, und sind in den Verträgen die hierfür erforderlichen Befugnisse nicht vorgesehen, so erlässt der Rat einstimmig auf Vorschlag der Kommission und nach Zustimmung des Europäischen Parlaments die geeigneten Vorschriften."

Völlig überraschend erklärte das Bundesverfassungsgericht dann im Urteil vom 5. Mai 2020 aber doch zum ersten Mal, dass EU-Organe – konkret die EZB und der Europäische Gerichtshof (EuGH) –ihre jeweiligen Kompetenzen überschritten und damit „ultra vires" gehandelt hätten:

> „Der Beschluss des EZB-Rates vom 4. März 2015 (EU) 2015/774 sowie die hierauf folgenden Beschlüsse (EU) 2015/2101, (EU) 2015/2464, (EU) 2016/702 und (EU) 2017/100 sind mit Blick auf Art. 119 und Art. 127 ff. AEUV sowie Art. 17 ff. ESZB-Satzung trotz der anders lautenden Antwort des Gerichtshofs auf die Vorlagefragen 3 und 4 des Senats als Ultra-vires-Maßnahmen zu qualifizieren … **Die Auffassung des Gerichtshofs in seinem Urteil vom 11. Dezember 2018**, der Beschluss des EZB-Rates über das PSPP-Programm und seine Änderungen seien noch kompetenzgemäß (aa), verkennt Bedeutung und Tragweite des auch bei der Kompetenzverteilung zu beachtenden Grundsatzes der Verhältnismäßigkeit (Art. 5 Abs. 1 Satz 2 und Abs. 4 EUV) offensichtlich und **ist** wegen der Ausklammerung der tatsächlichen Wirkungen des PSPP **methodisch nicht mehr vertretbar** (bb). Das Urteil des Gerichtshofs vom 11. Dezember 2018 überschreitet daher offenkundig das ihm in Art. 19 Abs. 1

> Satz 2 EUV erteilte Mandat und bewirkt eine strukturell bedeutsame Kompetenzverschiebung zu Lasten der Mitgliedstaaten. Da es sich selbst als Ultra-vires-Akt darstellt, kommt ihm insoweit keine Bindungswirkung zu (cc).“[32]

Und diesmal forderte das Bundesverfassungsgericht auch echte Konsequenzen:

> „**Der Bundesbank ist es daher untersagt**, nach einer für die Abstimmung im ESZB notwendigen Übergangsfrist von höchstens drei Monaten **an Umsetzung und Vollzug des Beschlusses** (EU) 2015/774 sowie der hierauf folgenden Beschlüsse (EU) 2015/2101, (EU) 2015/2464, (EU) 2016/702, (EU) 2017/100 und des Beschlusses vom 12. September 2019 **mitzuwirken**, indem sie bestandserweiternde Ankäufe von Anleihen tätigt oder sich an einer abermaligen Ausweitung des monatlichen Ankaufvolumens beteiligt, **wenn nicht der EZB-Rat in einem neuen Beschluss nachvollziehbar darlegt, dass die mit dem PSPP angestrebten währungspolitischen Ziele nicht außer Verhältnis zu den damit verbundenen wirtschafts- und fiskalpolitischen Auswirkungen stehen.** Unter derselben Voraussetzung ist sie verpflichtet, mit Blick auf die unter dem PSPP getätigten Ankäufe für eine im Rahmen des ESZB abgestimmte – auch langfristig angelegte – Rückführung der Bestände an Staatsanleihen Sorge zu tragen.“[33]

Dieser Paukenschlag war für viele in der EU ein Schock und manch ein „Europarechtler“ warf dem Bundesverfassungsgericht vor, mit dieser Entscheidung selbst „ultra vires“ gehandelt zu haben.[34] Die EU-Kommission

---

[32] BVerfG, 5. Mai 2020, BvR 859/15, Rn. 117, 119.

[33] BVerfG, 5. Mai 2020, BvR 859/15, Rn. 235.

[34] Brade 2020.

eröffnete sogar ein Vertragsverletzungsverfahren gegen Deutschland. Trotz der Aufregung blieben die praktischen Folgen der Entscheidung jedoch gering. Dem Bundesverfassungsgericht genügte es für die Nachholung der Verhältnismäßigkeitsprüfung, dass sich der Rat der Europäischen Zentralbank am 3. und 4. Juni 2020 mit den Folgen der Ankaufaktivität befasst und dazu zwei Beschlüsse gefasst hatte.[35] Damit war die Sache für Karlsruhe erledigt und die EZB konnte weitermachen wie bisher. Und auch das Vertragsverletzungsverfahren wurde am 2. Dezember 2021 eingestellt, nachdem sich die Bundesregierung gegenüber der Kommission mit Schreiben vom 3. August 2021[36]

> „verpflichtet[e]…, alle ihr zur Verfügung stehenden Mittel zu nutzen, um in Zukunft eine Wiederholung einer Ultra-vires-Feststellung aktiv zu vermeiden."[37]

## Bellen oder beißen? Karlsruhe am Scheideweg

Das Bundesverfassungsgericht setzt zwar immer wieder heldenhaft „rote Linien" bei Kompetenzüberschreitungen der EU-Organe, zieht sie aber im Ernstfall regelmäßig zurück. Selbst im PSPP-Urteil haben die Verfassungsrichter sich letztlich nur an einer Formalie – der vermeintlich fehlenden Verhältnismäßigkeitsprüfung – abgearbeitet und sich nicht getraut, das Anleihekaufprogramm der EZB inhaltlich als eklatanten Verstoß gegen die EU-Verträge und

[35] BVerfG, 29. April 2021, 2 BvR 1651/15, Rn. 100.

[36] Deutscher Bundestag 2021.

[37] Europäische Kommission 2021.

damit als „ultra vires" zu bewerten. Das hätte nämlich eine ganz andere Qualität gehabt und wäre auch nicht durch ein paar Seiten Papier der EZB aus der Welt geräumt worden.

Wird sich das künftig ändern? Wohl kaum. Die Richter am Bundesverfassungsgericht hatten nun fast 50 Jahre Zeit, um zu beweisen, dass sie mehr sind als „the dog that barks but never bites". Und aufgrund der Zusicherung der Bundesregierung, eine weitere Ultra-vires-Feststellung mit allen Mitteln zu vermeiden, ist anzunehmen, dass in Zukunft nur noch solche Personen zu Verfassungsrichtern gemacht werden, von denen zu erwarten ist, dass sie gegenüber den Institutionen der EU zurückhaltend agieren.

## Fazit

- Das Bundesverfassungsgericht konnte seine Machtstellung seit seiner Gründung 1951 behaupten und teilweise auch ausbauen.
- Die Richter am Bundesverfassungsgericht genießen in der Öffentlichkeit großes Vertrauen und ihre Beschlüsse werden von allen Staatsorganen befolgt.
- Zudem schafft das Bundesverfassungsgericht immer wieder neue Grundrechte und Richterrecht und nimmt so die Funktion eines „Ersatzgesetzgebers" ein.
- Allerdings haben die Verfassungsrichter trotz gegenteiliger Ankündigungen bislang noch nie einen Akt der EU außer Kraft gesetzt.
- Für die Zukunft ist spannend, ob es der EU und der Bundesregierung gelingt, das Bundesverfassungsgericht endgültig zu zähmen und dem EuGH unterzuordnen.

## Literatur

Brade, Alexander. 2020. PSPP mit „PEPP“ – Der währungspolitische Kontrollmaßstab des BVerfG als „Ultra-vires-Akt“?. Verfassungsblog. https://verfassungsblog.de/pspp-mit-pepp/. Zugegriffen: 3. Mai 2025.

Britz, Gabriele. 2025. Die Grundgesetzänderung zur Sicherung des BVerfG (Art. 93 und 94 GG) – Potenziell wirkungsvoller als es scheint? NJW 2025, 609.

Bundesverfassungsgericht. 2025. Meilensteine in der Geschichte des Bundesverfassungsgerichts. https://www.bundesverfassungsgericht.de/DE/DasBundesverfassungsgericht/Geschichte/geschichte_node.html. Zugegriffen: 3. Mai 2025.

Deutscher Bundestag. 2021. Drucksache 19/32004. https://dserver.bundestag.de/btd/19/320/1932004.pdf. Zugegriffen: 3. Mai 2025.

Europäische Kommission. 2021. Vertragsverletzungsverfahren im Dezember: EU-Kommission stellt Verfahren gegen Deutschland wegen EZB-Urteil ein und fällt eine Reihe weiterer Beschlüsse. https://germany.representation.ec.europa.eu/news/vertragsverletzungsverfahren-im-dezember-eu-kommission-stellt-verfahren-gegen-deutschland-wegen-ezb-2021-12-02_de. Zugegriffen: 3. Mai 2025.

Jarass, Hans D. und Kment, Martin. 2022. Grundgesetz für die Bundesrepublik Deutschland – Kommentar. München: Verlag C.H. Beck.

lpb. 2023. 72 Jahre Bundesverfassungsgericht. Landeszentrale für politische Bildung Baden-Württemberg. https://www.lpb-bw.de/bundesverfassungsgericht#c67178. Zugegriffen: 3. Mai 2025.

Rath, Christian. 2022. Vor dem großen Wechsel. https://www.lto.de/recht/hintergruende/h/bverfg-verfassungsrichter-nachfolge-paulus-kandidat-wahl-fdp-grne-spd-union/. Zugegriffen: 3. Mai 2025.

Streinz, Rudolf. 2023. Europarecht. Heidelberg: C.F. Müller GmbH

# 7

# „And the Winner is …" – oder: Gibt es das Grundgesetz auch noch in 25 Jahren?

**Inhaltsverzeichnis**



**Zusammenfassung**

Nach 75 Jahren Grundgesetz stehen Machtgewinner und -verlierer fest. Doch wird es das Grundgesetz auch in 25 Jahren noch geben? Es sind durchaus Szenarien denkbar, die zu einer Ablösung durch eine neue Verfassung führen könnten.


J. Theurer, *75 Jahre Grundgesetz: Das fragile Gleichgewicht*, https://doi.org/10.1007/978-3-658-49049-2_7

## Machtgewinner und -verlierer

Nach 75 Jahren Grundgesetz ist der eindeutige Machtgewinner klar: die Bundesregierung. Einerseits kann sie durch den gewaltigen Informationsvorsprung, den sie mittlerweile gegenüber allen anderen Staatsorganen hat, die Gesetzgebung in vielen Fällen entscheidend vorantreiben und in ihrem Sinn gestalten. Die Abgeordneten des Bundestags können zwar im Gesetzgebungsverfahren einzelne Details ändern – aber die maßgeblichen Pflöcke werden durch die von der Bundesregierung vorgelegten Gesetzentwürfe eingeschlagen. Zum anderen hilft der Bundesregierung das „Spiel über die Bande" auf europäischer Ebene. Sie hat deshalb ein Interesse, möglichst viele strittige Themen in die Gesetzgebungszuständigkeit der Europäischen Union zu verlagern.

Im Gegenzug ist der Bundestag der eindeutige Machtverlierer. Es ist anzunehmen, dass im Laufe der nächsten Jahre noch weitere Gesetzgebungszuständigkeiten auf die EU übergehen werden. Dem Bundestag droht daher in absehbarer Zeit das Schicksal der 16 Landesparlamente: klangvoller Name, aber kaum noch Kompetenzen. Und je mehr sich die Abgeordneten dem Fraktionszwang unterwerfen, desto weniger können sie auch ihre zweite wichtige Aufgabe effektiv wahrnehmen: die Kontrolle der Regierung.

Einen leichten Machtgewinn verzeichnet der Bundesrat. Denn durch die mittlerweile vielfältigen Koalitionsvarianten in den 16 Bundesländern kann er von der Opposition im Bundestag gezielt zur Blockade im Gesetzgebungsverfahren eingesetzt werden – vor allem, weil die Anzahl der zustimmungspflichtigen Gesetze konstant über 30 % beträgt.

Auch das Bundesverfassungsgericht zählt eher zu den Gewinnern. Die Verfassungsrichter haben in den letzten Jahrzehnten immer wieder vom Bundestag beschlossene Gesetze für verfassungswidrig erklärt und eigenhändig neue Grundrechte in die Welt gesetzt. Dafür werden sie von den Bürgern in Deutschland hoch geachtet. Auch die anderen Verfassungsorgane ordnen sich den Beschlüssen aus Karlsruhe widerspruchslos unter. Entscheidend wird sein, wie sich das Verhältnis zum EuGH in Zukunft entwickelt. Gelingt es dem Bundesverfassungsgericht, die Letztentscheidungsbefugnis darüber zu behalten, ob EU-Recht, das mit dem Grundgesetz unvereinbar ist, in Deutschland angewendet werden muss? Oder schaffen es die Institutionen der EU und die Bundesregierung, das Bundesverfassungsgericht endgültig zu zähmen und dem EuGH unterzuordnen? Entspannt zurücklehnen kann sich dagegen der Bundespräsident: Solange er niemanden stört, darf er weiter repräsentieren, Reden halten und Gesetze unterschreiben. Doch das Amt könnte viel mehr sein – etwa ein unabhängiger Verfassungshüter mit eigenem Kopf und Rückgrat. Dazu müsste der Bundespräsident allerdings aus der parteipolitischen Komfortzone ausbrechen und seine im Grundgesetz angelegten Spielräume mutig ausschöpfen.

## Mögliche „Kipp-Punkte"

Wie in Kap. 1 erwähnt, gibt es aktuelle Umfragen, wonach einige Bürger in Deutschland mit dem aktuellen politischen System nicht mehr ganz so glücklich sind. Wie bereits in Kapitel 1 erwähnt, zeigen aktuelle Umfragen, dass ein wachsender Teil der Bevölkerung mit dem bestehenden politischen System unzufrieden ist. Gleichzeitig gibt es zentrale Herausforderungen, für die seit Jahren keine tragfähigen Lösungen gefunden wurden – insbesondere bei diesen drei Themen:

- Klimawandel
- Illegale Migration
- Fachkräftemangel (v. a. bei Erziehern, Lehrern, Ärzten und Pflegekräfte)

Sollte es Regierung, Parlament und Verwaltung in den kommenden Jahren nicht gelingen, hier greifbare Fortschritte zu erzielen, könnten einzelne gesellschaftliche Gruppen beginnen, die Systemfrage zu stellen – und eine Ablösung des Grundgesetzes fordern. Natürlich sind alle Zukunftsprognosen spekulativ. Aber manche Szenarien könnten schneller Realität werden, als man denkt.

## Szenario 1: Europäischer Bundesstaat

Die geopolitische Lage hat sich dramatisch verändert: Seit Donald Trump erneut US-Präsident ist, wächst in Europa das Misstrauen gegenüber den USA als verlässlicher Schutzmacht. Trump hat wiederholt Sympathien für autoritäre Führer wie Wladimir Putin gezeigt, bewundert „starke Männer" und strebt offenbar ein gutes Verhältnis zu Russland an – Europa hingegen scheint ihm weitgehend gleichgültig. Die Sorge wächst, dass sich die USA im Ernstfall nicht mehr an das Beistandsversprechen aus Art. 5 des NATO-Vertrags gebunden fühlen. Besonders für die baltischen Staaten Estland, Lettland und Litauen sowie für Finnland wird ein russischer Angriff zunehmend als reale Gefahr eingeschätzt – und niemand weiß, ob Amerika dann noch eingreifen würde. Angesichts dieser Unsicherheit wächst der Druck auf die EU, sicherheitspolitisch endlich handlungsfähig zu werden. Die Forderung nach einer echten europäischen Souveränität wird lauter – nicht nur in wirtschaftlichen Fragen, sondern vor allem in der Verteidigung. Die EU-Integration schreitet deshalb stetig voran, immer mehr Kompetenzen wandern nach Brüssel. Doch bei der Verteidigung blockieren sich die Mitgliedstaaten gegenseitig: Frankreich will seine Armee und Atomwaffen nicht aus der Hand geben, und auch die anderen Staaten weigern sich, die Kontrolle über ihre Streitkräfte an Brüssel abzugeben. Erst als die geopolitische Bedrohung weiter zunimmt, springen die Staats- und Regierungschefs der EU schließlich über ihren Schatten: Die EU soll ein Bundesstaat werden – nicht parlamentarisch-föderal, sondern präsidial organisiert. Die nationalen Parlamente, auch der Bundestag, wären dann nur noch regionale Verwaltungsebenen. Doch das lässt das Bundesverfassungsgericht nicht zu: Nach seiner Rechtsprechung muss dem Bundestag ein unantastbarer Kern der Verfassungsidentität erhalten bleiben – vor allem das parlamentarische Demokratieprinzip. Eine vollständige Machtverlagerung nach Brüssel wäre mit Art. 23 Abs. 1 Satz 3 i. V. m. Art. 79 Abs. 3 GG unvereinbar. Die Politiker der etablierten Parteien (CDU/CSU, SPD, FDP und Grüne) treten deshalb die Flucht nach vorn an: Sie wollen das Grundgesetz über Art. 146 GG durch eine neue EU-Verfassung ersetzen.

**Merke**

Art. 146 GG

Dieses Grundgesetz, das nach Vollendung der Einheit und Freiheit Deutschlands für das gesamte deutsche Volk gilt, verliert seine Gültigkeit an dem Tage, an dem eine Verfassung in Kraft tritt, die von dem deutschen Volke in freier Entscheidung beschlossen worden ist.

Bundestag und Bundesrat beschließen mit Zweidrittelmehrheit ein entsprechendes Gesetz. Viele Bürger klagen – doch das Bundesverfassungsgericht bestätigt, dass die Voraussetzungen erfüllt sind. Das Grundgesetz ist abgelöst. Und wie 1949 wird auch diese neue Verfassung von der großen Mehrheit der Bevölkerung akzeptiert – ohne großen Protest.

## Szenario 2: Das Grüne Grundgesetz

Die Klimakrise verschärft sich von Jahr zu Jahr: Verheerende Waldbrände, tödliche Hitzewellen und extreme Wetterereignisse fordern immer mehr Menschenleben – auch in Deutschland. Die Klimaschützer von Fridays For Future, der Neuen Generation (früher: Letzte Generation), Extinction Rebellion und Widerstandskollektiv sehen ihre Zukunft bedroht und fordern radikale Maßnahmen. Irgendwann gelangen sie zu der Überzeugung, dass unter dem derzeitigen Grundgesetz keine ausreichenden Maßnahmen gegen den Klimawandel möglich sind. Sie fordern eine neue Verfassung – das **Grüne Grundgesetz**[1], das Klimaschutz zur obersten Staatsaufgabe macht und individuelle Freiheitsrechte dem Überleben künftiger Generationen unterordnet. Revolutionäre Umsturzversuche scheitern. Der Rückhalt in der Bevölkerung fehlt. Doch dann geschieht Unerwartetes: Ein anonymer Milliardär – mutmaßlich ein ausländischer Tech-Magnat oder ein autoritärer Staat, der Europa weiter destabilisieren will – finanziert mit einem dreistelligen Millionenbetrag eine groß angelegte Kampagne und die Organisation einer bundesweiten Volksabstimmung gemäß Art. 146

[1] Wie das konkret funktionieren kann, ist beschrieben in Theurer (2021).

GG. Die Bundesregierung versucht, die Volksabstimmung zu verhindern und lässt die führenden Köpfe verhaften – doch das Bundesverfassungsgericht entscheidet im Eilverfahren: Die Abstimmung ist grundrechtlich geschützt. Die Bewegung mobilisiert Millionen. Die mediale Wucht, das Geld und die Angst vor dem Kipppunkt entfalten Wirkung: **60 % der Wahlberechtigten stimmen mit „Ja".** Das Bundesverfassungsgericht stellt fest, dass die Voraussetzungen von Art. 146 GG erfüllt sind – und erklärt das Grüne Grundgesetz zur neuen Verfassung der Bundesrepublik Deutschland. Das bisherige Grundgesetz ist Geschichte.

## Szenario 3: Der aufhaltsame Aufstieg der AfD

Die politische Landschaft Deutschlands steht vor einem beispiellosen Umbruch: Im Frühjahr 2025 erklimmt die AfD in bundesweiten Umfragen erstmals den Spitzenplatz, noch vor CDU/CSU. Trotz ihrer Einstufung als „gesichert rechtsextremistisch" durch das Bundesamt für Verfassungsschutz, bleibt die Unterstützung der Wählerschaft ungebrochen. Die sogenannte „Brandmauer" der etablierten Parteien zeigt zunehmend Risse, insbesondere in ostdeutschen Kommunen. In immer mehr Landesparlamenten erreicht die AfD eine Sperrminorität, was ihr ermöglicht, verfassungsändernde Gesetze zu blockieren. Die Aussicht, bei der nächsten Bundestagswahl über 40 % der Stimmen und damit unter Umständen die absolute Mehrheit der Mandate zu erzielen, versetzt die etablierten Parteien in Panik. Bundesregierung, Bundestag und Bundesrat beantragen gemeinsam ein Parteiverbotsverfahren, doch das Bundesverfassungsgericht zögert. Zudem signalisiert der Europäische Gerichtshof für Menschenrechte (EGMR), dass die Voraussetzungen für ein Verbot nicht erfüllt seien, da die AfD bislang keine konkreten verfassungsfeindlichen Handlungen begangen habe und der „ethnische Volksbegriff" der AfD aus europäischer Sicht kein ausreichender Grund für ein Parteiverbot ist. In ihrer Verzweiflung sehen CDU/CSU, SPD, FDP und Grüne nur einen Ausweg: die Ablösung des Grundgesetzes durch eine neue Verfassung gemäß Artikel 146 GG, in der die AfD explizit verboten wird. Bundestag und Bundesrat beschließen mit Zweidrittelmehrheit ein entsprechendes Gesetz. Trotz massiver Proteste und nach langen juristischer Auseinandersetzungen bestätigt das Bundesverfassungsgericht die Rechtmäßigkeit dieses Schrittes. Die neue Verfassung tritt in Kraft, und die AfD ist nach Artikel 150 ab sofort verboten. Die Parteistrukturen werden aufgelöst, das Vermögen eingezogen und auf die Gründung von Ersatzorganisationen steht eine lebenslängliche Freiheitsstrafe. Alle Abgeordneten der AfD verlieren ihre Mandate auf Bundes-, Landes- und kommunaler Ebene. Die Partei wird vollständig aus dem politischen System entfernt, ihre Strukturen zerschlagen und ihre Einflussmöglichkeiten beseitigt.

## Es bleibt spannend

Niemand weiß, was die Zukunft bringt. 1949 hätte wohl keiner damit gerechnet, dass das Grundgesetz 75 Jahre später immer noch in Kraft ist. Und doch hat sich das Grundgesetz als bemerkenswert widerstandsfähig und anpassungsfähig erwiesen. Trotz zahlreicher Herausforderungen – von der Schuldenkrise mit anschließender Euro-Rettung über die Flüchtlingsflut bis hin zur COVID-Pandemie – blieb es stets das stabile Fundament unserer Demokratie. Möge es auch in Zukunft die Freiheit und den Rechtsstaat in Deutschland sichern.

## Fazit

- Eindeutiger Machtgewinner nach 75 Jahren Grundgesetz ist die Bundesregierung.
- Auf den Plätzen 2 und 3 folgen das Bundesverfassungsgericht und, leicht abgeschlagen, der Bundesrat.
- Starke Verluste musste dagegen der Bundestag hinnehmen.
- Der Bundespräsident verharrt in seiner traditionellen Rolle als überparteiliches Staatsoberhaupt mit begrenzten Befugnissen. Doch das Amt birgt ungenutztes Potenzial: Als unabhängiger Verfassungshüter mit eigenem Kopf und Rückgrat könnte der Bundespräsident seine im Grundgesetz verankerten Kompetenzen mutig ausschöpfen – vorausgesetzt, er bricht aus der parteipolitischen Komfortzone aus.

## Literatur

Theurer, Jochen. 2021. Argumente für ein Grünes Grundgesetz – Chancen und Risiken einer Verfassungsänderung zum effektiven Klimaschutz. Wiesbaden: SpringerGabler.

GPSR Compliance

*The European Union's (EU) General Product Safety Regulation (GPSR) is a set of rules that requires consumer products to be safe and our obligations to ensure this.*

*If you have any concerns about our products, you can contact us on ProductSafety@springernature.com*

In case Publisher is established outside the EU, the EU authorized representative is:

Springer Nature Customer Service Center GmbH
Europaplatz 3
69115 Heidelberg, Germany

**Batch number: 10110124**

Printed by Printforce, the Netherlands